小学生 まあちゃんと学ぶ

統計

伊藤伸介

中央経済社

はじめに
〜統計との楽しい出会いのために〜

　この本は，統計のはじめの一歩を踏み出したい方のための本です。みなさんは統計というとどんなイメージを持っていますか。
　ただの数字というイメージでしょうか。それとも，何か世の中の動きを表したものでしょうか。
　数字が苦手な方にとっては，統計は難しいと感じられるかもしれません。

　しかし最近では，統計やデータがなにかと世間でも話題になっていることから，統計に興味を持たれている方もおられることでしょう。
　この本が，統計に対する良い出会いになれば，大変うれしく思います。

　これまでの統計やデータに関する入門書では，統計に関する専門用語が出てきますが，この本では，難しい専門用語を極力使わないように心がけました。最初の

一歩としてのきっかけを目指した本だからです。
　小学生のまあちゃん，お母さんの英子さん，先生の対話を通じて，統計について説明するスタイルになっています。
　この本が，統計に興味を持ち始めている方に少しでもお役に立つようであれば，幸いです。

目次

はじめに／1

第0章 統計を学ぶと、どんないいことがあるの？ ……… 7

第1章 統計ってなぁに？ ビッグデータってなぁに？ ……… 13
人は情報で動いている／13
統計とデータの関係／15
いろいろなデータを見てみよう／18

第2章 統計とビッグデータについて考えてみよう ……… 43
ID（識別情報）はデータをつなげるブリッジ／47
パーソナルデータとビッグデータ／58
データ×データで商品開発／60

第3章 身のまわりの統計やデータについて考えてみよう ……… 65
生活の中にあるデータ／66
データはひらめきや直観のもと／74

第4章 自分の生活に統計を当てはめてみよう
——テレビ・ニュース・新聞からわかる統計,AIとデータサイエンス ……… 79

日本で一番統計を作っているのはだれ？／83

未婚化・晩婚化と超高齢化社会／88

第5章 個人情報はどのように守られているの？ ……107

無料という名の情報収集／107

ビジネスと匿名加工情報／109

ミクロデータの匿名化の方法／112

第6章 統計から何が見える？①
——私たちの未来 ……125

人口減少と空き家問題／128

都道府県別の空き家率と空き家数／132

統計は社会を映す鏡／137

第7章 統計から何が見える？②
——私たちの生活のヒント ……139

これから社会は大きく変わる／141

交際・つきあいの時間は25年で半減した／146

キーワードは「健康」「ひとり」「コミュニケーション」／151

第8章 **統計の未来設計図** ················ 165
　　　——未来に統計を残す

　データをつないで日本全体を見える化する／174

おわりに／191

［付　録］データはどこにある？——統計データの探し方／195

索　引／203

第0章 統計を学ぶと，どんないいことがあるの？

みなさんは，統計というとどんなイメージを持っていますか？
算数や数学が苦手な人は「統計」と聞くと，自分には難しいと感じる人もいるかもしれません。
しかし，統計はみなさんの日常生活にたくさん使われていて，とても身近なものです。
みなさんが目にするテレビや新聞・インターネットニュースなどの世の中の情報には，統計がたくさん活用されています。
それでは，どんなところで統計が活用されているのでしょうか。

いろいろな統計の活用例

- 天気予報
- 占い
- インターネットの通信販売
- スポーツ
- 医療保険や生命保険などのあらゆる保険の計算
- 株価の予測
- 健康診断の評価
- 薬の効き目の検証

- 人口の予測
- 人工知能（AI）
- オリンピック施設等の公共施設の建設の効果
- 不良品の管理
- 売上の予測
- 選挙の投票行動の予測

など…

　少し，身近に感じてきましたか。
　これから，統計を学ぶことによって，どんなメリット（いいこと）があるのでしょうか？

統計を学ぶメリット

- 数字が面白くなります。
- 統計で社会の見え方が変わります。
- 会社のあらゆる分野で必要なスキルが身に付きます。
- AIがやらない・できない仕事が見つけられます。
- 統計の数字を使って，効率的に体を鍛えることができます。
- もっと健康に気をつけることができます。
- 社会の様々な問題を具体的に理解し，これからの解決策を考えることができます。
- いつ，何を買うのか，買い手の行動を予想し，それに基づいて販売計画を立てることができます。

第0章 統計を学ぶと，どんないいことがあるの？

- 平均的な家族のお金の使い道を知って，自分はどうすべきか判断の材料にできます。
- どの業種やどの職種がどれほどの給料をもらっているかを知ることができます。

統計を学ぶことによって，見えないものが見えてくるのです。これは，あなたにとって新しい世界が広がるということです!!
上記で挙げたように，統計を学ぶと数字が面白くなります。それによって，様々なメリットが得られます。

数字に強くなることにより得られるメリット

- 自己分析のヒントを得ることができます。
- 数字を使った仕事など，仕事の選択肢が広がります。
- 社会の動き，人々の行動が予測できます。
- 毎日の生活に役立ちます。例えば，毎日の新聞を読むのが楽しくなり，ニュースの情報が数字で理解できます。
- ビジネスを創り出すことができます。今までにないビジネスがたくさん生まれるでしょう。
- 顧客のニーズをピンポイントで探ることができます。
- 自分の強みを見える化できます。
- AIに負けない力を生み出します。
- ひらめきがチャンスになります。
- 世の中のミクロの部分が見えてきます。

ただの数字を自分の強みに変えることができるのです。新たな可能性を生み出すのは，あなたなのです。

この本を読み進めていくと，実はみなさんも，知らないうちに統計を使っていることに気づくことでしょう。それほど，みなさんは，統計に囲まれて生活をしているのです。

数字は，世界共通の言語です。統計もコミュニケーションを行うためのツールの1つです。コミュニケーションツールの1つとして，統計を生活に生かしてみませんか。

統計というと，専門用語や算数・数学の計算式が出てきて，難しいイメージがあるかもしれません。この本では，統計について興味がある様々な方に伝えるために，小学生のまあちゃん（10歳）とそのお母さんの英子ママ（43歳）の親子と統計が専門の先生が登場します。まあちゃんと英子ママと先生との会話を通して，統計についてわかりやすくお伝えしていきます。

第0章 統計を学ぶと,どんないいことがあるの？

まあちゃん（10歳）…小学4年生です。小学校の算数が得意ではありません。勉強は得意ではないけど,世の中のことには興味津々,毎日感情のおもむくままの女の子です！

英子ママ（43歳）…高校を卒業してから算数や数学に触れていません。勘の良さには自信をもっていますが,算数や数学は,世の中で生きていく上で重要だと思っています。

先生…統計の専門家です。大学で統計の授業をしています。

第1章 統計ってなぁに？ ビッグデータってなぁに？

人は情報で動いている

例えば、みなさんが、スーパーに買い物に行ったとします。そこで、2つのタイプのもやしが売られていました。

〈もやしA〉50円

・生産者の名前
・カルシウムといった栄養価が含まれるという表示
・国産という表示
・デザインのわかりやすさ

〈もやしB〉20円

表示なし

上の図表のように、もやしAには、カルシウムといった栄養価が含まれる等、買い手にとって多くの情報があり、50円という値段がついています。一方、もやしBには、何の表示もありませんが、値段は20円と安いです。

さて、みなさんはどちらを買いますか？

どんな情報が与えられるかによって私たちの選択は変わってきます。

私たちの身の周りには情報があふれています。この本では「情報」とは，世の中の物事について表した内容を指します。

先生

もう１つ，私の身近なエピソードを紹介しましょう。
私の義理の母親は，毎日めかぶを食べています。めかぶは，三陸海岸沖で取れる海草です。母親は，めかぶが健康にいいからではなく，単にめかぶが好きだから食べているとのことでした。私はめかぶはとくに好きではなく，あまり食べたこともありませんでした。そこで，私はめかぶの効能を調べてみました。すると，つぎの効果があることがわかりました。

・免疫力の向上
・コレステロールの低下

出所：理研ビタミンホームページ
https://www.rikenvitamin.jp/healthcare/fucoidan/【2018年8月14日アクセス】

第1章 統計ってなぁに？ ビッグデータってなぁに？

めかぶの情報を調べるうちに，私もめかぶを食べたくなりました。
このように情報が入ることによって，みなさんの行動が変わってくることはありませんか。

インターネットやスマホの普及によって，様々な情報が飛び交うようになり，情報によってモノ，ヒト，カネが動く時代になりました。

統計とデータの関係

「統計」の本がベストセラーになるなど，社会のあちこちで統計への関心が高まっています。

統計というと，なんだか難しそうに思うかもしれませんが，**統計も情報の１つです**。

統計とは，簡単に言うと，**さまざまな方法によって集めた１つひとつの情報を使う目的に応じてまとめた上で，数字で表したものです**。

毎日のようにデータという言葉を耳にするようになりました。この本では，データは，一言でいえば，情報が記録されることによって目に見える形で表れたものを指します。

```
┌─────────────────────────────────────────────┐
│         情報が目に見える形で表れたもの      │
│                    ↓                        │
│                 データ                      │
└─────────────────────────────────────────────┘
```

統計とデータの違いはなんでしょうか。
　データとは，様々な情報が目に見える形で，数字等によって表現されたものですが，その中で，

```
┌─────────────────────────────────────────────┐
│  使う目的に応じてまとめたひとかたまりのデータの集合  │
│  あるいは集まりに関する数字                 │
│                    ↓                        │
│                 統計                        │
└─────────────────────────────────────────────┘
```

先生，質問してもいいですか？

はい，なんでも聞いてください！

統計もデータの1つですか？

統計もデータに含まれます。その場合には，統計データと言うこともあります。

第1章 統計ってなぁに？ ビッグデータってなぁに？

先生，データとか統計とかいう言葉が出てきて，違いがよくわからなくなってきたんですけど。データと統計の境目はあるのですか。

データをルールに従ってまとめると，統計になります。ただ，どの程度，データを集約するかによるのです。その程度によっては，データと統計の区別はあいまいになります。データと統計を区別せずに使っている方もいると思います。

つぎの図表1-1を見てください。これは，統計とデータの関係を図にしたものです。

図表1-1　統計とデータの関係

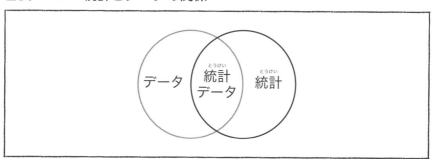

🖉 いろいろなデータを見てみよう

　データは，様々なタイプの情報を含んでいますが，その1つとして，統計を作るためのデータがあります。これを「**統計データ**」と呼ぶことにします。統計とは，「使う目的に応じてまとめたひとかたまりのデータの集合あるいは集まりに関する数字」ですが，この数字が，縮約されて表の形でまとめられたものは，「**統計**」と呼ぶことにします。

　データには，様々なものが含まれます。

(1) 数値データ

　数値データは，個人の情報だけでなく，様々な分野を対象に，数字で表現された情報です。次の図表1-2は，数値データの種類と例を示したものです。

図表1-2 数値データの種類と例

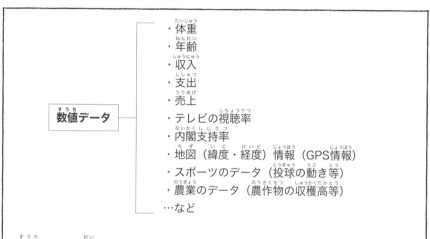

数値データの例

	身長	体重	収入	支出
A	175cm	70kg	500万円	450万円
B	180cm	84kg	400万円	390万円
C	168cm	50kg	800万円	600万円
・	・	・	・	・
・	・	・	・	・

(2) 文字データ

> 文字データは，文字で表現された情報を表します。本の中の文章やインターネット，SNSで書かれた文字の部分等が含まれます。図表1−3は，文字データの種類と例を示したものです。

図表1-3　文字データの種類と例

- 会社や個人の名前
- 住所
- SNSに書いている文章（Twitter，インスタグラムなど）
- ホームページに掲載されている説明文
- 書籍や論文の中で文字で表現されている部分
- 本人の履歴（学歴，職歴）情報
- …など

文字データの例

	会社名	都道府県	市区町村
A	○○株式会社	東京都	八王子市
B	株式会社△△	大阪府	大阪市
.	.	.	.
.	.	.	.

第1章 統計ってなぁに？ ビッグデータってなぁに？

論文の文章部分

「デンマークの場合，税務情報，社会給付状況，保健衛生情報，教育情報，雇用情報といった社会人口的な属性情報が行政記録によって把握することができるだけでなく，個人番号によって連結することが可能になっている．」

出所：「公的統計における行政記録データの利活用について―デンマーク，オランダとイギリスの現状―」
『経済学論纂(中央大学)』第58巻第1号，2017年，6～7頁

Twitterの例

中央経済社 @chuokeizai・2018年10月28日
【御礼】土日に神保町ブックフェスティバルを開催しました。ワゴンでお買い上げいただいたお客様、ご来社いただいたお取引先・ご執筆者の皆様、どうもありがとうございました。

♡ 2

中央経済社 @chuokeizai・2018年10月24日
【古本市】明日10月26日(金)から神田古本まつりが始まります。11月4日(日)までです。

↻ 1 ♡ 3

(3) 音源データ

音楽は，かつてCDなどの物で買うことが当たり前でしたが，現在は，インターネットで音楽を買う時代になりました。みなさんも好きな曲をダウンロードして買ったことはありませんか。それは，音源データを買っているということです。図表1-4は，音源データの例を示したものです。

図表1-4　音源データの例

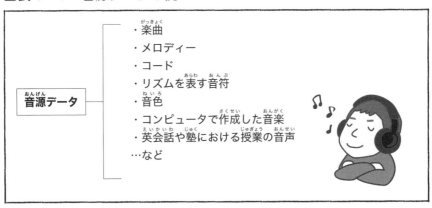

音源データ
- 楽曲
- メロディー
- コード
- リズムを表す音符
- 音色
- コンピュータで作成した音楽
- 英会話や塾における授業の音声
- …など

(4) 画像データ

Twitterやインスタグラム等のSNSに載せる写真や絵，空港における顔認証のデータ等，多くの画像データが使われています。図表1-5は，画像データの例を示したものです。

図表1-5 画像データの例

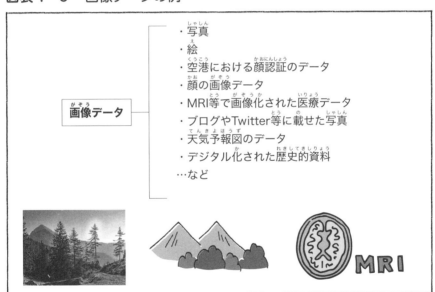

画像データ
- 写真
- 絵
- 空港における顔認証のデータ
- 顔の画像データ
- MRI等で画像化された医療データ
- ブログやTwitter等に載せた写真
- 天気予報図のデータ
- デジタル化された歴史的資料
- …など

(5) 映像データ

映像データは，防犯カメラの映像，高速道路のカメラ映像等の情報です。図表1-6は，映像データの種類と例を示したものです。

図表1-6　映像データの種類と例

映像データ
- ニュースのテレビ放送
- 映画やコンサートのブルーレイディスク
- 防犯カメラの映像
- 高速道路のカメラ映像
- ドライブレコーダーの映像
- 英会話のテキストの付録DVD
- YouTubeの動画
- 塾における授業のネット配信
…など

高速道路のカメラ

ドライブレコーダー

数字，文字，音楽，絵や写真，映像，すべてデータなのですね。面白い！

そうですね。他にもいろいろありますよ。

第 1 章　統計ってなぁに？　ビッグデータってなぁに？

情報の中には，誰についての情報なのかを特定できるものがあります。生体認証に使われる情報も該当します。例えば，次のような個人に関する情報の利用可能性に注目が集まっています。

・指紋
・歩き方のスタイルや歩幅
・目の虹彩の色やパターン
・手のひらの静脈
・遺伝子のゲノム情報（DNA）
・インターネットのアクセス情報
・筆跡
…など

このように，世の中には様々なデータが存在します。
これまで話したことを整理してみましょう。
情報とデータの違いをわかりやすく説明するために，コンビニを例に話をしましょう。

あるコンビニエンスストアで買い物をしたとします。買い物に関するデータは，コンビニエンスストアの本部に集められます。コンビニエンスストアでは，次のようなデータを集めていると言われています。

25

- いつ購入したか
- なにを購入したか
- 誰が購入したか
- 支払方法（現金，ICカード，スマートフォン等）
- 買い物客の属性（性別，年代等）
- 店の防犯カメラの映像（商品を購入しているところ，ATMの口座からお金を下ろしているところ，公共料金を支払っているところなど）
- 買い物客の店内での動きや視線
- 宅配便の代行サービスの利用状況

など

　これらの情報は，客のニーズを把握したり商品開発をするために使われることでしょう。
　また，多くのコンビニエンスストアでは，商品の購入ごとにポイントが貯まるカードを発行しています。例えば，セブンイレブンではnanaco，ローソンではPonta，ファミリーマートではT-POINTカードといったポイントカードを発行しています。

ポイントカードに含まれる個人の情報のイメージ

個人の名前
個人の住所
個人の年齢
—
—
—
⋮

第1章 統計ってなぁに？ ビッグデータってなぁに？

ポイントカードなどに個人情報が登録されていれば，誰が購入したのかがわかりますね！

そうですね。

コンビニでは，ポイントカードだけじゃなく，お金を払うのに
　SuicaやPASMO等のICカード
　au WALLETといったプリペイドカード
　スマートフォンのお財布機能
　クレジットカード
　Apple Pay
など，いろいろなものが使えるんですよね！

そうです。まあちゃん，よく知っていますね。
これらのサービスを使うために登録された個人情報も，コンビニエンスストアがお客の買い物から得られるデータですよね。

27

具体的な例で示してみましょう。

店舗の名前：コンビニエンスストアB店
店舗の住所：東京都○○区△△1丁目
日時：2018年4月1日の午前7時
購入者：男性A，30代
目的：朝食の購入，インターネットで予約した演劇のコンサートのチケットの代金引換

防犯カメラ

個人の動線・視線をとらえるセンサー技術

Aさんは，おにぎり，弁当，サンドイッチのコーナーを見て回りました。

牛乳150円
アンパン150円

牛乳　　　　　　　　150円（税込）
アンパン　　　　　　150円（税込）
演劇のチケット代　4,000円（税込）

チケット4,000円

・牛乳とアンパンについてポイントカードを提示した上で現金で購入　300円
・予約していたチケット代をレジで現金で支払　4,000円
合計　4,300円

第1章 統計ってなぁに？ ビッグデータってなぁに？

図表1-7　Aさんの買い物に関する情報のイメージ図

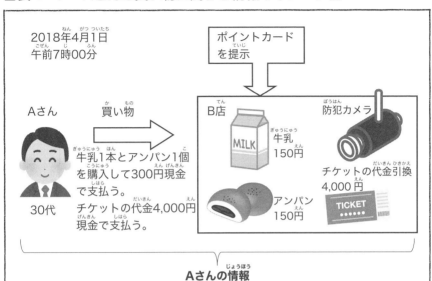

　2018年4月1日の午前7時にAさんは牛乳1本とパン1個を購入し，チケット代金を支払おうとしています。これはAさんの買い物に関する情報です。

　Aさんは，ポイントカードを提示しながら牛乳，アンパンを購入し，チケット代金の支払をしました。このコンビニではポイントカードの利用により，買い物の情報が，Aさん個人のデータとしてB店で記録され，B店を通じてコンビニエンスストア本部に集められます。このようにAさんの買い物に関する情報は，Aさんのデータとしてコンビニエンスストア本部に送られます。

ポイントカードの利用により
得られたAさんのデータ
・購入年月日　・性別
・購入時刻　　・年齢
・牛乳の購入量と購入金額
・パンの購入量と購入金額

＋

防犯カメラ

個人の動線・視線を
とらえるセンサー技術

図表1-8　Aさんの数値データ

氏名	購入日	時刻	性別	年代	パン		牛乳		合計(円)
					購入量(個)	購入金額(円)	購入量(個)	購入金額(円)	
Aさん	2018年4月1日	午前7時00分	男	30代	1	150	1	150	300

Aさんのデータ ＋ 映像データ等　　防犯カメラ

　B店ではAさんのほかにも購入した人の大量のデータが集められています。
　例えば，2018年4月1日から6月30日までにパンを買った人のデータを取り出してみましょう。データを見ると，パン以外に

第1章 統計ってなぁに？ ビッグデータってなぁに？

・コーヒー ・アイスクリーム ・弁当

・お茶 ・文房具 ・サラダ

などを買っている人がいました。なお，図表1-9における「その他サラダなど」には，弁当やサラダなどが含まれています。

図表1-9は，購入量とB店の売上に関するビッグデータです。

図表1-9 ビッグデータのイメージ図

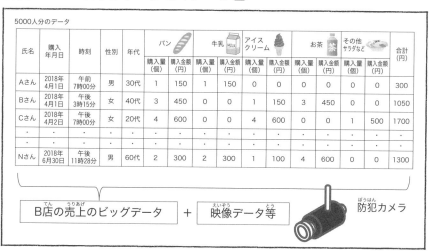

ビッグデータとは、簡単に言えば、大量のデータのことです。ビッグデータには、店舗内のカメラの映像データやセンサーで記録されたデータなど様々なデータが含まれます。

先生、データが大量にあったら、ビッグデータというのですか。

そうです。

先生、どれだけの数があったら、ビッグデータになるのですか？

特に決まっていません。データの種類にもよりますね。1万の数でもビッグデータという場合がありますし、1億の数でもビッグデータということもあるでしょう。

以上の情報、データとビッグデータの違いをまとめたものが、**図表1-10**となります。

第1章 統計ってなぁに？ ビッグデータってなぁに？

図表1-10 情報，データとビッグデータの違いのイメージ

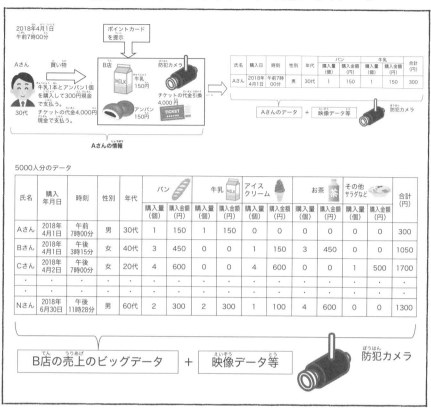

このビッグデータから，統計を作ることができるのですか？

そうです。次の図表を見てみましょう。

図表1-11 購入時間帯ごとに3か月平均で見た1日のパンの売上高の統計

購入時間帯	3か月平均で見た1日のパンの売上高（円）							合計（円）
	アンパン	クリームパン	メロンパン	サンドイッチ	焼きそばパン	食パン	その他	
午後12時00分〜午後1時59分	700	1000	500	2000	1200	400	350	6150
午後2時00分〜午後3時59分	1200	1000	400	600	150	200	100	3650
・	・	・	・	・	・	・	・	・
・	・	・	・	・	・	・	・	・
午後8時00分〜午後9時59分	800	400	300	400	300	1600	500	4300
	・	・	・	・	・	・	・	・

　上の図表は，購入時間帯ごと，さらにパンの種類ごとに，3か月間の売上高のデータを集めて1日あたりのパンの売上高についてまとめた統計です。1日あたりのパンの売上高は，3か月間の売上高を合計して，90日で割ることによって求められた平均値です。これは，ビッグデータではなく，統計になっています。

統計を見ていると，次のことが見えてきます。

お昼の時間には，サンドイッチや焼きそばパンの人気が高いですね。おやつの時間帯には，アンパンとクリームパンが売れていますね。

第1章 統計ってなぁに？ ビッグデータってなぁに？

英子ママ

午後8時〜午後9時台では，食パンの購入量が増えていますね。統計にすると，パンの売れ筋が時間ごとにはっきり見えてきますね。

先生，ビッグデータでも集計すれば，統計になるのですね。

統計にして，必要な情報だけ集約されているのでしたら，企業でマーケティングを行ったり，ビジネスを考えたりする上では，統計の形のほうが扱いやすい場合もありそうですね。

そうですね。

先生，統計の役割って何だと思われますか？

35

> いろいろな議論はあると思いますが，特定のグループに入る人が何人いるのかを知るのが，第1の役割です。異なるグループを比べて，特徴を探るのが第2の役割です。

　コンビニエンスストア等で集められる買い手のビッグデータをうまく使うことができれば，店舗における商品の仕入れ，売上を予測することができます。コンビニエンスストアにとって，自分の会社が持っている顧客のデータを販売することができれば，ビジネスチャンスにつながるでしょう。コンビニエンスストアの本部と契約を結ぶなどして，ある会社がコンビニのデータを入手することができたとします。そうすると，どんなことがわかるのでしょうか。

> コンビニのデータがもし使用できるのであれば，
> ・その地域で何が売れているのか，
> ・どんな年代の人がいつ何を買っているのかがわかります。

　また，コンビニを活かした新たなビジネスの可能性も出てくるでしょう。例えば，コンビニで介護ビジネスを始めることもできるかもしれません。

第1章　統計ってなぁに？　ビッグデータってなぁに？

コンビニが持っている買い手の購入データを企業が手に入れることができる時代が来るのですか？

そう思っていますし，すでに手に入れている企業もあるでしょう。その場合，コンビニの購買履歴のデータをより使えるようにするための仕組みづくりが必要でしょう。

1つの統計データでいろんなことが見えてくるんですね。

コンビニで何が売れているかということは，実はコンビニだけでなく，人々のニーズを探るデータとも言えそうですね。

スーパーはどうですか？　スーパーでどんな人が何を買っているのかという情報も大事だと思います！

私は,百貨店やショッピングセンターの売上の動きも大事だと思うな。例えば,どういう人たちがショッピングセンターで買い物をしているのかがわかれば,個人商店のヒントにもなるし。

インターネットや通販もたくさんデータを集めていますね。TVショッピングもね!

最近,コンビニでは,スマホで音声を入れるとか,LINEを使って注文するサービスも始めるみたいよ。スマホの音声や,LINEの会話などSNSの情報も大事なデータですよね。

第 1 章 統計ってなぁに？ ビッグデータってなぁに？

そうですね。コンビニやスーパーなどから得られる様々な買い手のデータを使って，1人ひとりの買い手の購入行動を予想できれば，それは，新たなビジネスチャンスを考えるきっかけにもなります。コンビニエンスストアの来客数がわかれば，その地域の人の流れがわかりますので，その地域のマーケットの大きさがわかります。

コンビニのデータから地域の経済や日常生活が見えるんですね。1つのデータからいろいろな角度で見ると，宝物が出てきますね。

　この章では，コンビニを例に，統計とビッグデータの話をしました。個人商店でもデータをとると同じようなことが言えますが，ここでは，わかりやすくお話しするために，データをたくさん持っているコンビニを例に挙げました。
　どんなデータでも，**図表 1 -11**のような統計を作ることはできます。ただ，統計を作る目的が重要です。
　何のための統計を作っているのかがあいまいだとその統計で表そう

としているものが見えにくくなります。

統計を作る上で必要な情報のみが選ばれます。**図表1-11**の場合には、購入量と購入金額のデータから、パンを購入した時間帯とそれぞれのパンの購入金額の情報のみを選んで集約して、統計を作っています。

どのようにデータを集めるかによって統計の持つ情報は変わってきます。

統計を作るための主なデータは、調査によって集めたデータです。

最近、統計を作るための調査を行うことが難しくなってきました。プライバシーの問題などがあり、調査に回答してもらうのが難しくなっている調査もあります。

調査で集めたデータから統計を作るのではなく、主に行政機関に届けた記録にもとづくデータを使って統計を作っている国もあります。フィンランド、スウェーデンやデンマークといった北欧諸国が代表的な国々です。

第1章 統計ってなぁに？ ビッグデータってなぁに？

海外でどのようにデータを集めて，どのように統計を作っているのかを知ることは，これからの日本におけるデータの集め方や統計の作り方を考える上で，参考になると思っています。

統計やデータにはこれからの時代のヒントがかくれていますね。面白い!!!

第2章 統計とビッグデータについて考えてみよう

> **データを道に例えると，統計は舗装された幹線道路です。**
> 道はあちこちにあります。
> 30年，40年，50年前にはなかった場所に道が作られています。
> 道でもきちんと整備されていない林道や登山道，砂利道などがあります。**これらは，ビッグデータです。**
> **道ができると街の経済は変わり，人や車の流れも変わります。**

第1章で話したように，統計とは，「使う目的に応じてまとめたひとかたまりのデータの集合あるいは集まりに関する数字」ですが，

> 使う目的に応じてまとめたひとかたまりのデータの集合あるいは集まりを構成する「ミクロ」のデータは
>
> ⬇
>
>

と呼びます。

ここでいう「ミクロ」とは，全体を構成する「1つひとつ」を表し，個人1人ひとりのデータや，企業1社ずつのデータを指します。

先生，ミクロデータがよくわかりません。くわしく教えてください。

では具体例をあげてみましょう。

図表2-1　ミクロデータのイメージ

Aさん
性別：男性
年齢：40歳
学歴：大学卒
収入：600万円

一連番号	性別	年齢	学歴	収入	・	・
00001	男性	40歳	大学卒	600万円	・	・
00002	女性	35歳	大学卒	550万円	・	・
00003	女性	28歳	高校卒	400万円	・	・
・	・	・	・	・		
・	・	・	・	・		
・	・	・	・	・		

図表2-1で一連番号00001は，Aさんを表していますが，不特定多数の人にAさんの個人情報だと特定されてはいけないので番号に置き換えています。Aさん以外も同じようにしてあります。

第2章 統計とビッグデータについて考えてみよう

00001さんは、「性別は男性、年齢は40歳、学歴は大学卒、収入は600万円」となっています。このような、1人ひとりの情報がミクロデータです。

ミクロデータが1人ひとりのデータなら、全体を表すデータもあるのではないですか？

英子ママ、いい質問ですね。それは、「マクロ」データと言います。

先生、「マクロ」ってなんですか？

「マクロ」は「ミクロ」の反対で巨大なものを表します。

マクロデータは、全体を表すデータのことで、国や都道府県別のデータや集計した統計データなども含みます。

同じ個人のデータをつなぐことができれば、情報が増えます。ある人たちの「移動の履歴に関する情報」と「コンビニでの買い物の情報」があるとします。

45

図表2-2は，電車の乗り降りの履歴のデータです。また図表2-3は，乗った駅の中にあるコンビニエンスストアの購入年月日と時間帯，購入額を示しています。

図表2-2　乗った場所と降りた場所の履歴

一連番号	乗車場所	降車場所
00001	吉祥寺	新宿
00002	東京	立川
00003	上野	高崎
・	・	・
・	・	・
・	・	・

図表2-3　購入金額のデータ

一連番号	購入年月日	購入時刻	購入金額
00001	2018/5/1	14時30分	300円
00002	2018/4/10	10時00分	950円
00003	2018/4/22	13時00分	2000円
・	・	・	・
・	・	・	・
・	・	・	・

ブリッジ（橋）があれば，道路はつながります。

国の統計では，個人のデータはミクロデータと言われています。個人の購買履歴や移動履歴などの民間企業が持つ個人のデータは，

第2章 統計とビッグデータについて考えてみよう

ビッグデータと呼ばれます。図表2-4は、ミクロデータとビッグデータのイメージ図を示したものです。

図表2-4　ミクロデータとビッグデータのイメージ図

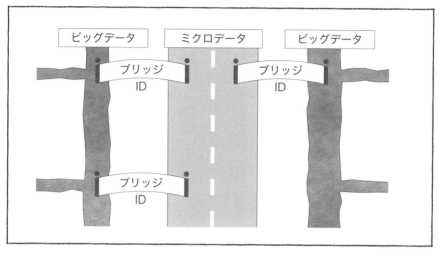

✏ ID（識別情報）はデータをつなげるブリッジ

データを道路だとすれば、データをつなぐ「ブリッジ（橋）」が必要です。

例えば、データをつなげるために、個人を識別するためのID（識別情報）がこのブリッジに該当します。

先生，IDってなんですか？

 個人が誰なのかを特定するための情報です。識別情報（identifier）を省略したものです。名前や住所は，IDになりますし，個人が特定できる番号もIDとなります。IDというブリッジがあれば，個人や会社に関する様々なデータをつなぐことができます。

 データが人生みたいにつながっていくということですね。日記みたい…

 そうですね。日々の生活がつながりますよね。

 データをつなぐって，人間で言うと何ですか？ 経験かなあ…？

 そうですね。データの中で日常生活の経験がつながっていますよね

第2章 統計とビッグデータについて考えてみよう

子育ての経験も他の仕事で役立つことが多いし。経験をつないでいくと新しい扉が開きますよね。

そう思います。だからこそIDを使って，1人ひとりの多くの経験が情報としてつながっていることは，データの価値を高めます。

よくスポーツなどで「経験値があるので」と言いますよね。経験していても情報として把握していないと，経験値にはならないですよね。

スポーツ選手がベテランの年齢になっても体力のある若い時のような活躍をされているのは，映像や体づくりのデータだけでなく経験や知識もデータになっているからですかね。スポーツも生活も仕事もデータを使っていくと面白いですね。

データをつなぐために，IDが使われます。ただ，IDは，簡単に個人を特定することができる情報ですので，IDが誰のものかが漏れないように，厳重に管理される必要があります。

データをつなぐことができれば，例えば，どういうタイプの人が，電車に乗る前にどんな買い物をし，どこで電車を降りているのかがわかります。

図表2-5はつながったデータのイメージ図です。この図では，ミクロのデータが，乗り降りの履歴と買い物情報とつながっています。
一連番号がIDとなっており，個人の性別や学歴等のデータと電車の乗り降りの履歴と買い物の情報のブリッジとなっています。

第2章 統計とビッグデータについて考えてみよう

図表2-5 つながったデータのイメージ図

一連番号	氏名
00001	A
00002	B
00003	C
・	・
・	・
・	・

厳重に管理

ミクロデータ

一連番号	性別	年齢	学歴	収入	・	・
00001	男性	40歳	大学卒	600万円	・	・
00002	女性	35歳	大学卒	550万円	・	・
00003	女性	28歳	高校卒	400万円	・	・
・	・	・	・	・	・	・
・	・	・	・	・	・	・
・	・	・	・	・	・	・

乗り降りのデータ

一連番号	乗車場所	降車場所
00001	吉祥寺	新宿
00002	東京	立川
00003	上野	高崎
・	・	・
・	・	・
・	・	・

購入金額のデータ

一連番号	購入年月日	購入時刻	購入金額
00001	2018/5/1	14時30分	300円
00002	2018/4/10	10時00分	950円
00003	2018/4/22	13時00分	2000円
・	・	・	・
・	・	・	・
・	・	・	・

ミクロデータ

一連番号	性別	年齢	学歴	収入	乗車場所	降車場所	購入年月日	購入時刻	購入金額
00001	男性	40歳	大学卒	600万円	吉祥寺	新宿	2018/5/1	14時30分	300円
00002	女性	35歳	大学卒	550万円	東京	立川	2018/4/10	10時00分	950円
00003	女性	28歳	高校卒	400万円	上野	高崎	2018/4/22	13時00分	2000円
・	・	・	・	・	・	・	・	・	・
・	・	・	・	・	・	・	・	・	・
・	・	・	・	・	・	・	・	・	・

> データをつなぐって,面白いです。探偵みたいです。

今の時代,体に身につけるウェアラブル端末で,いつでもヒトのデータを取ることができます。ウェアラブル(wearable)は,「身につけることができる」という意味です。個人のデータを時間の上で追跡することができます。

例えば,血圧や脈拍といった健康に関するデータ(バイタルデータとも呼んでいます)をとることができる腕時計型の端末を使えば,時間単位で健康状態の変化がわかります。

図表2-6は,ウェアラブル端末から得られた情報で,
・血圧
・血糖値
・脈拍
の変化を1時間ごとに追跡しているイメージを表しています。これもミクロのレベルのデータの1つです。

図表2-6 ウェアラブル端末から得られるデータのイメージ

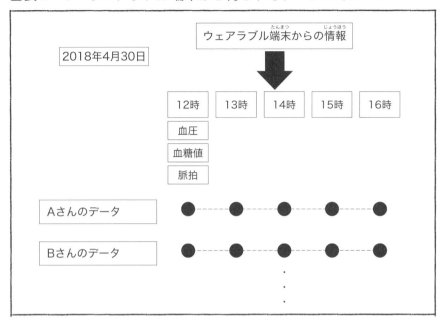

こういうデータが効率的に手に入れば、病院に行かなくても自宅でインターネットを通じて診療を受けることができますね。将来ママと離れて暮らしていても、元気に過ごしているかどうかがわかりますね。

在宅医療にもデータが使えますね。

先生,いろいろなデータの集め方があるのですね。1日の生活すべてが,健康にまつわるデータになるのですね。

これらのデータについては,例えば健康になるためにはどうしたらよいかを考えたり,健康になるための商品を開発したりするために使うことができます。

このように,必要があれば,日々の体の変化をすべてデータで追跡する時代がこれから来るのではないでしょうか。

ヘルスケア商品や予防医学のビジネスにデータがもっと生かされますね。

例えば,けがをしないための筋力の変化などもデータで見える化できるようになるのかなぁ…

日本では,個人のデータについては,個人情報保護法に基づいて,個人が誰かわからないように加工を行うことができれば,ビジネスのために販売することが可能です。ヨーロッパでも,EU(欧州連合)で一般データ保護規則(GDPR:General Data Protection Regulation)という個人情報の保護ルールができました。

個人の情報をしっかり守らないといけない時代なんですね。

ビッグデータで注目されているのは,先ほども例に挙げた交通機関の移動履歴のデータです。

　PASMOやSuicaのようなICカードには,交通機関にどこから乗り,どこで降りたのかの情報が記録されています。また,スーパーなどコンビニ以外のお店でも,ICカードが使えるお店で買ったモノの履歴も入っています。

このような乗り降りの情報が入手できれば，駅の近くで，どの程度人の流れがあるのかもわかりますし，どういった小売店でICカードを使って，モノを買っているのかも把握できます。

PASMOやSuicaの乗り降りの情報を使うことができれば，いろいろなビジネスに使えそうですね。でも，これらの情報は，個人情報ですか？

名前や住所が登録されていたら，個人情報になりますので，もしビジネスでの利用を考えるとすれば，個人情報保護法という法律を守らなければなりません。ビッグデータでさらに注目されているのは，買い物客のあらゆる購買履歴のデータです。第1章で話したコンビニだけでなく，企業が持っている顧客の購買履歴データです。

企業の購買履歴のデータが入手できれば，例えば地域のスーパーやコンビニで何が売れているかを分析することによって，買い手の期待

第2章　統計とビッグデータについて考えてみよう

するものが見えてくるでしょう。そうすると，買い手の期待によって，地域におけるコンビニやスーパーのあり方も変わるでしょう。さらには，

- 地域の経済状況
- 日本経済を見るヒント
- 地域のサービスのあり方

など地域経済にどういう影響を及ぼすのかを分析することもできます。

土・日は，レジに列ができていることが多いよね。平日働いている人が土・日に買いにくるのかな。冷凍食品などをたくさん買っている人がいるよね。

みんな，いそがしいですよね。昔は，男性1人のお客は，スーパーには少なかったけど，今は，男性1人はめずらしくないですね。それに，知り合いの90歳以上の方も自転車で買い物に来ているのを見ます。

> コンビニやスーパーは、「経済の鏡」です。地域の情報が集まる場所です。スーパーやコンビニのデータから生活のスタイルがわかりますし、時代が見えてきますね。

✏️ パーソナルデータとビッグデータ

ところで、個人に関するビッグデータをパーソナルデータということがあります。

> パーソナルデータもビッグデータの1つですか？

> パーソナルデータは、個人の情報だと思ってください。大量にあれば、ビッグデータになります。パーソナルデータをビジネスでうまく使うことができれば、お客のタイプ別から見た購入内容の特徴や傾向を探ることによって、売れ筋商品の仕入れや効率的な在庫の管理等、様々な効果が期待されます。

第 2 章 統計とビッグデータについて考えてみよう

自分のデータが誰かに管理されているみたいで，ちょっと怖いですね。

だから，企業は個人情報保護法という法律にしたがって，顧客のデータが外に漏れることがないように適切に管理しなければならないのです。

　先ほど話したように，複数のタイプのデータをつなげて，1つのデータにまとめることができれば，多くの個人の情報がデータに含まれますので，言うまでもなく，**ビッグデータとしての利用可能性はさらに高まります**。

　この章では，簡単に統計やデータの話をしましたが，今，データを使ったビジネスに対して注目度が高まっています。現在，さらには将来に向けて次のようなビジネスが展開されています。

　企業が持っている顧客のデータと買い物客の購入の頻度や購入額のデータを組み合わせることによって，データから予想される買い手の特徴と買い物の傾向をデータから知ることができます。買い手のデータをもとにオリジナルのオーダーメイド商品を売ることもできるでしょう。

データや統計を扱う人が大切になってくると思います。個人商店でも、どうしたらお客様の期待に応えるのかをデータからも探ることができますね。コンビニでも、店主やスタッフがデータを理解する必要がもっと出てきますよね。

そうですね。これからますます大事になりますよね。

🖉 データ × データで商品開発

　ある企業が持っている技術やノウハウを、他の企業が持っている技術と連携させて新たな商品開発を行うことも考えられます。

「コラボ商品」っていう言葉を聞いたことがあります。データ×データという感じですね。

　企業が持つビッグデータを共有できれば、商品開発の手助けになるでしょう。

第2章 統計とビッグデータについて考えてみよう

データの共有ってなんですか？

お互いが共通の情報を持っていることです。

友達だけで知っている秘密の情報だって，友達同士でデータを共有しているということですよね。
あ，それで，思い出したんだけど，パパが前にもスーツを買ったことがあるお店でスーツを買ったときに，パパのスーツの寸法を店員さん同士で共有していなかったから，最初から寸法を測り直したことがあったんだって。お店の中でデータを共有していたら，最初から測り直す必要がないから，そのほうがいいと思う。

パパのスーツの生地や好みなど,いろいろなことを把握してくれていた店員さんがその店をやめたんだけど,他の店員さんはパパのスーツの細かな情報をもっていなかったんだよね。情報を共有することは大事ですよね。

サッカーとかのスポーツもそうだよね。試合中の相手チームのパスの動きとかデータを選手全員で共有するって大事なんだよね。
ところで先生,ビッグデータを共有するってどういうことですか?

ビッグデータを持っている組織や会社が,お互いに共通の情報を持つことです。お互いに共有の情報を持って利用できるようにするためには,法律にしたがって,正しくデータの管理を行う必要があります。

第 2 章　統計とビッグデータについて考えてみよう

1人ひとりのお客のデータも会社同士で共有することで，ビジネスチャンスにつながる時代になってきたということですね。

1人ひとりがビッグデータですよね！まあちゃんの人生がビッグデータになるんですか？

まあちゃん，するどいですね！そういう時代に向かっているのではないでしょうか。

最近は，
・個人情報をどこで安全に保管するのか
・保管した個人情報を必要とする企業にどのように提供するのか
・企業が持つ個人情報をどのように共有するか
などの議論も進んでいます。

個人情報のデータ化が進めば，オンラインの医療や個人のニーズに合わせたオーダーメイドのビジネスが進むでしょう。

先生,データがたくさんあるのはいいのですが,どこでデータを保管するのですか?

データセンターという保管庫やクラウドと呼ばれるインターネットの保管庫に個人の情報を保管して,必要な人はそこからデータを手に入れるのです。その場合,もちろん,データの厳重な管理が求められます。

様々なデータ間のコラボレーションが生まれています。データを共有することは,時代を切り開く新たなビジネスを創造する可能性を秘めています。

第3章 身のまわりの統計やデータについて考えてみよう

　統計やデータは，様々な場面で目にすることができます。この章では，身のまわりにどのような統計やデータがあるのかを具体的に考えます。

　日々の生活では統計やデータに囲まれています。**図表3-1**は，英子ママのある1日の生活のイメージです。いたるところにデータが登場します。

図表3-1　日々のデータの利用のイメージ

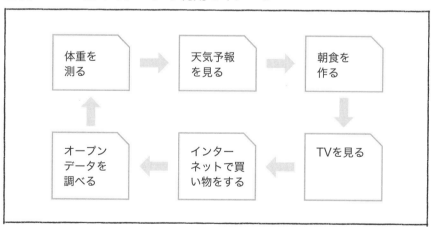

生活の中にあるデータ

①朝起きて，体重を測ります

朝の6時に起きて，まず，体重を測りました。

体重を記録するだけでも数値データになりますが，食事のカロリーと体重の変化について記録を取れば，個人の体重と食事のカロリーとの関係を表すミクロのデータになります。
例えば，1,000人にアンケート調査をしたとしましょう。朝食の内容と体重について聞き，それを集計すれば，朝食のカロリーと体重に関する統計を作ることができます。

図表3-2は，朝食に関するアンケート調査から得られたミクロデータです。架空のデータではありますが，集計して，カロリーとBMI別の統計を作ってみました。それが，図表3-3の統計表で，その表を棒グラフで表したのが，図表3-4です。

第3章 身のまわりの統計やデータについて考えてみよう

先生，BMIってなあに？

BMIとは，Body Mass Index（ボディ・マス・インデックス）の省略で，肥満度を表します。

図表3-2　朝食と体重に関するミクロデータ

	朝食の有無	朝食のカロリー	身長（cm）	体重（kg）	BMI
0001	有り	300	180	81	25.0
0002	無し	0	170	80	27.7
0003	有り	800	175	65	21.2
・	・	・	・	・	・
・	・	・	・	・	・
・	・	・	・	・	・
1000	有り	500	165	50	18.4

図表3-3　朝食のカロリーとBMIに関する統計表

	BMI		
朝食のカロリー	25未満	25以上	計（人）
0カロリー以上500カロリー未満	170	230	400
500カロリー以上1000カロリー未満	350	250	600
計	520	480	1000

図表3-4　朝食のカロリーとBMIに関するグラフ

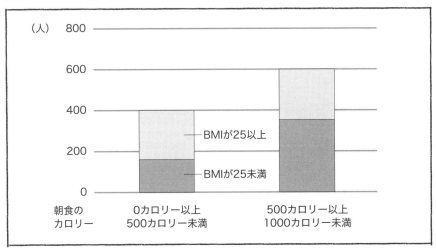

朝のカロリーが少ないほうが，BMIの数値が大きくなることがわかります。このデータを見ると，つまり，朝食をとらないほうが，太りやすくなるということですね。

朝も適度に食事をとるほうがいいということですね。

第3章 身のまわりの統計やデータについて考えてみよう

私は，20代の終わりの頃に，一念発起をして，90kgから65kgまで体重を落としたことがあります。それ以降も，多少の体重の変動はありましたが，現在ほぼ70kgをキープすることができています。私自身の経験から言っても，朝食をしっかり食べたほうが，体重をコントロールしやすいと思っています。

私も，ダイエット頑張らないと…。

まあちゃん，ミクロデータと統計の違いはわかりますか？

ミクロデータは1人ひとりの目に見える情報ですよね。それを集めたら統計になるんですか？

そうです。例えば，図表3-4では，朝食のカロリーとBMIごとにそれぞれグループを作り，グループの人数を数え上げています。

②朝食を作ります

家族の日々の健康のことを考え，ビタミンやミネラルなど五大栄養素がたくさん入った食事を作りました。

健康を管理する上で，朝食のレシピに関する画像データ，朝食に含まれる栄養素やカロリーに関するデータが役に立っています。

③テレビをつけて，天気予報を見ます

降水確率や天気図等の気象データを見て，
・今日どのような服装にするか，
・洗濯物を外に干すか，部屋に干すか
・週間天気予報を見てシミュレーションを行った上で，今週のスケジュールをどうするか

などを決めます。

④朝の情報番組を見ます

視聴率を気にして一番視聴率が高い番組を選びます。

第3章 身のまわりの統計やデータについて考えてみよう

視聴率は、テレビ番組の視聴に関するデータです。多くの場合、テレビ番組を作る側は、視聴率を意識しながらテレビを作っています。スポンサーから提供されるおカネも関係しているのではないでしょうか。

早朝や夕方、主に中・高年層をターゲットにした昭和の人気時代劇や人気韓国ドラマの再放送のあとに、情報番組や健康番組が始まるのはその一例でしょう。スポンサーへの配慮もあるのかもしれませんが、視聴率は、番組の制作に大きな影響を与えています。

これは、よくわかります。好きな俳優を見ていたら、続けて、健康食品やTVショッピングの番組を見ていることがあります。

⑤インターネットで買い物をします

　Amazonのサイトを見ていて、以前買おうと思っていた音楽CDを買いました。すると、**お薦めのCDが一覧表示されていました。**

ここではインターネットショッピングの購入履歴のデータが使われています。

⑥地域の避難場所を調べます

もしものことを考え、地域の避難場所を調べました。自分が住んでいる市区町村のホームページのオープンデータ（誰でも入手できるデータ）を見て、避難場所を一目で確認することができました。

オープンデータとは、地方自治体が、ホームページで公開している誰でも入手できるデータのことです。たとえば、図表3-5は、東京ディズニーランドがある千葉県浦安市のオープンデータのページです。
地方自治体がオープンデータの提供を進める法律（官民データ活用推進基本法）が2016年にできました。
すべての地方自治体ではありませんが、オープンデータを提供する地方自治体が増えています。浦安市は、オープンデータの提供を進めている地方自治体の1つです。

図表 3-5　千葉県浦安市のオープンデータ

出所：浦安市役所ホームページ
http://www.city.urayasu.lg.jp/shisei/keikaku/1022110/1021974/index.html

オープンデータには，地域の人口数等の統計や，防災施設や医療機関の位置を表す地図データなどが含まれます。地域の生活に密着したデータをホームページで入手することができます。
オープンデータは，加工しやすいような形で提供されており，一般の方が，分析に使うこともできます。

先生，統計もオープンデータになるのですか？

すべての統計がオープンデータになるのではありませんが，個人が誰かわからないように処理を行った統計であるならば，オープンデータとして一般に利用することができます。

✎ データはひらめきや直観のもと

　人間は，生まれたときから，見る，聞く，匂いを嗅ぐ，味わう，モノに触れるの5つの感覚から，あらゆる情報を受け取って，脳によって情報の処理を行っています。

中枢神経にその情報が伝達され,脳に神経細胞が作られると,その細胞を通じて,脳に記憶を形成し,脳から行動するための信号が送られます。これが,人間の学習プロセスです。

みなさんも日々の生活や体験のなかで,統計やデータを使っているのではないでしょうか。日々の経験は情報化され,その情報は脳に伝えられて,学習プロセスの結果として,ヒトは日々判断し,行動します。図表3-6は,ヒトの情報伝達のプロセスを示したものです。

図表3-6　ヒトの情報伝達のプロセス

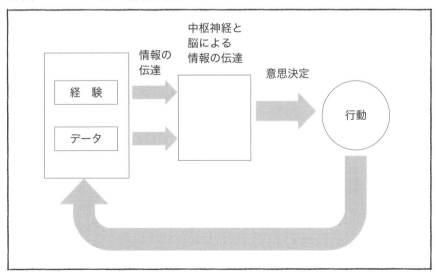

日々の経験は、データとして蓄積されて、集まったデータをもとに直観やひらめきという形で、自分の行動を決定づけるのです。

勉強は苦手だけど、直観やひらめきは得意です。私は統計やデータを頭の中で使っているのですね。
先生、質問があります。統計やデータを使うのは人なので、統計やデータとコミュニケーションするということですか？

「コミュニケーション」ですか？ どういう意味ですか？

いろんな人とコミュニケーションをするとき、意識してもしなくても、何か興味を持って、話をしているんだと思うんです。統計やデータの場合、どうかなと思って。

第3章 身のまわりの統計やデータについて考えてみよう

なるほど，面白いことを考えますね。統計を作る場合，興味というより，目的があって作るのです。これはミクロデータを作る場合でも，同様のことが言えます。
統計やデータを分析するときも，何か目的があって，データの特徴を探ろうとします。でも，そもそも興味を持っているから，データを見てみたい，データを分析したいのでしょう。その意味では,「コミュニケーション」と言えるのかもしれません。

統計やデータと会話するってことですね!!そのためには，日々の生活に関心を持って，世の中で「コミュニケーション」していないと，統計やデータとコミュニケーションをするのは難しいのかもしれませんね。

第4章 自分の生活に統計を当てはめてみよう

――テレビ・ニュース・新聞からわかる統計，AIとデータサイエンス

まあちゃん，AIって聞いたことありますか？

人の代わりに，計算とかをしてくれるものですか？

AIとは人工知能（artificial intelligence）の略です。人間の知能の働きについて，コンピュータが担うものです。
人工知能（AI）を使って，人手ではなく機械によって大量のデータを解析する技術の開発が進んでいます。

コンピュータの脳みそですか？ 頭がいいんですよね？

まあ、そうですね。データがあれば、AIがデータを解析して、最適な解を出すのです。AIは膨大なデータから一番可能性の高い結果を導きだすだけでなく、データからAI自体が学習することもできます。これは機械学習と呼ばれています。

例えば、最近、異常気象が続いています。天気予報が当たらないこともあります。そのため、気温や風向きなど、入手可能なデータを組み合わせ、AIを使ってデータの解析を行っています。

AIを使うことによって、ピンポイントの地域で、数時間後の天気予報を知ることができます。いろいろな気象データを活用して、予測の精度も上げようとしているのです。

AIの技術が進んだら、どんな時代になるのですか？

第4章 自分の生活に統計を当てはめてみよう

AIが普及することによって、AIができることは、AIに任せるようになるでしょう。働き手がAIにとって代わられる仕事も多くあると言われています。

先生、これからビッグデータをAIで解析して、統計ができる時代になるのですか？

AIで解析して統計を作ることはできます。ただ、国の統計は、作るために様々な工程がありますので、AIに任せさえすればよいといった簡単な話ではありません。ただ、将来的には、もっとAIを活用するといった可能性はあるのかもしれません。最近、統計やデータ全般を学問の対象とした「データサイエンス」という言葉も出てきました。大学では、データを扱う専門家である「データサイエンティスト」を養成するための学部も、最近できています。

データサイエンスって何ですか？

データを加工し分析することによって、新たなビジネスを生み出し、価値を創り出すことを目指した学問となりますね。

先生、データサイエンス学部では、データについて何を学ぶのですか？

統計も含め、データ全般について、データに関する考え方、データの見方、使い方を学びます。ソフトウェアを使ったデータの処理の仕方も学習します。

データサイエンスやAIに関する人材が足りなくなり、世界中で人材が求められていますよね。ますますデータが必要とされる時代になりますね。

第4章 自分の生活に統計を当てはめてみよう

そういう時代が来ると思っています。人材育成の面で日本は遅れており、データサイエンティストが足りません。そのためデータサイエンスを学ぶことは重要です。データに関する知識を持っていれば、統計を使って、国や地方の政策、さらにはビジネスに役立てることができます。

日本で一番統計を作っているのはだれ？

TV・インターネット・新聞には、国の統計に関する様々なニュース記事が出てきます。
ここから少し、実際に作られている統計の話をしましょう。
日本で最も多く統計を作っているのは国です。国は、様々な統計を作っていますが、その中でも56の重要な統計は、「基幹統計」と呼ばれています。

国が作っている統計には，例えば次のようなものがあります。

◇ 国勢調査（総務省統計局）
　　⇒国の人口がわかります

◇ 家計調査（総務省統計局）
　　⇒人々の暮らしぶりやおカネの使い道がわかります

◇ 就業構造基本調査（総務省統計局）
　　⇒働き方と働く理由がわかります

◇ 人口動態統計（厚生労働省）
　　⇒人口の動きがわかります

◇ 国民経済計算（内閣府）
　　⇒GDP等，国の経済の大きさがわかります

◇ 消費者物価指数（総務省統計局）
　　⇒モノの値段の変化がわかります

◇ 経済センサス（基礎調査，活動調査（総務省統計局，経済産業省））
　　⇒会社や店舗のビジネスの実態がわかります

◇ 国民生活基礎調査（厚生労働省）
　　⇒人々の暮らしと健康の実態がわかります

◇ 毎月勤労統計調査（厚生労働省）
　　⇒毎月の給料の動きがわかります

◇ 科学技術研究調査（総務省統計局）
　　⇒日本の科学技術のための研究の実態がわかります

◇ 賃金構造基本統計調査（厚生労働省）

第4章 自分の生活に統計を当てはめてみよう

　　⇒職種や業種等で見た給料の違いがわかります
◇ 学校基本調査（文部科学省）
　　⇒小学校や中学校の実態がわかります
◇ 法人企業統計調査（財務省）
　　⇒会社の売上やもうけ，おカネの使い道がわかります
◇ 労働力調査（総務省統計局）
　　⇒日本の雇用状況がわかります

など…

国ってたくさん統計を作っているんですね。

国だけでなく，地方自治体でも統計を作っていますよ。

最近，「統計の不正」とかいうニュースを耳にしたんですが，統計が話題になっていますね。

それについてはこの章の最後で話したいと思います。

国は、どうやって統計を作っているのですか？

主に統計調査を行っているのですが、行政機関に届けた記録をもとに作っている統計もあります。例えば、出入国管理統計という統計は、海外に出たり、海外から日本に入ったりするときの入国管理局の記録から作った統計です。

国がたくさん統計を作っている理由は何ですか。

国が政策を行う上で、必要だからです。こういった国の統計は、誰でもインターネットやスマートフォンで見ることができます。もちろん印刷して手に取ることもできます。
国勢調査という言葉は聞いたことがあるのではないでしょうか。他の調査も新聞やテレビのニュースで目にしたことがあるかもしれません。まあちゃんは、国勢調査って聞いたことある？

第4章　自分の生活に統計を当てはめてみよう

あります！　大きな袋に入っているアンケートみたいなものですよね。

国勢調査って，最近インターネットでも回答できるようになっていましたよ。

では，これから統計の1つである国勢調査からわかる，まあちゃんにも関わる統計を見てみましょうか！
先ほど話した国の統計を使って，見ていきます。
国勢調査は，5年に1回実施されている統計調査です。

国勢調査を見れば，
・あなたが住んでいる町の人口は何人いるか
・1人暮らしの世帯はいくつあるか
・どんなタイプの住宅に住んでいるか
・職場や学校にどうやって通っているのか
・5年前はどこに住んでいたのか
…など，
地域ごとの人口や世帯の状況がわかります。

最新の数字は，2015年10月1日時点の数字です。

国勢調査のホームページから，みなさんが欲しい統計データをダウンロードすることができます。詳細は，本書の巻末の付録「データはどこにある？—データの探し方」を読んでみてください。

✏️ 未婚化・晩婚化と超高齢化社会

これから超高齢化社会になるって，まあちゃん知っている？

私が20歳になる10年後，30歳になる20年後には，たくさん周りに高齢者の人が増えているんですか？

今のままだと，そうですね。

私が60歳になる50年後，70歳になる60年後の，私が高齢者になるときはどうですか？

第 4 章　自分の生活に統計を当てはめてみよう

そのころは70歳でも高齢者ではなく働いているのかしら？

国勢調査からわかる簡単な例を見ていくことにします。図表 4 - 1 は，国勢調査のホームページからダウンロードして私が作成した，年齢と婚姻関係別に表した統計です。行が年齢を，列が婚姻関係をそれぞれ表しています。
この統計は，本書の巻末の付録「データはどこにある？―統計データの探し方」に載っている統計データをもとに作りました。

図表4-1　年齢（5歳階級別）と婚姻関係別の統計

	配偶者あり	配偶者なし
総数（年齢）	62,624,975	47,129,202
15～19歳	24,411	5,983,977
20～24歳	361,933	5,606,194
25～29歳	1,901,342	4,508,270
30～34歳	3,913,368	3,377,510
35～39歳	5,302,579	3,013,578
40～44歳	6,504,349	3,227,869
45～49歳	5,945,542	2,717,262
50～54歳	5,703,222	2,227,074
55～59歳	5,626,200	1,889,046
60～64歳	6,382,232	2,072,778
65～69歳	7,236,028	2,407,839
70～74歳	5,571,487	2,124,324
75～79歳	4,096,795	2,180,061
80～84歳	2,621,085	2,340,335
85～89歳	1,137,140	1,980,117
90～94歳	261,046	1,088,074
95～99歳	33,294	326,053
100歳以上	2,922	58,841

出所：「平成27年国勢調査結果」（総務省）

2015年10月時点で，100歳以上で配偶者がいる方が，約3,000人もいますね。

ところで，**超高齢化社会は**，これからの日本の社会にとってますます大きな課題となります。

第4章 自分の生活に統計を当てはめてみよう

これは、テレビのニュースや新聞で毎日どこかで取り上げられていますね。

それでは、超高齢化社会を裏付ける統計を見てみましょうか。つぎの図表を見てください。

図表4-2 将来の人口の変化

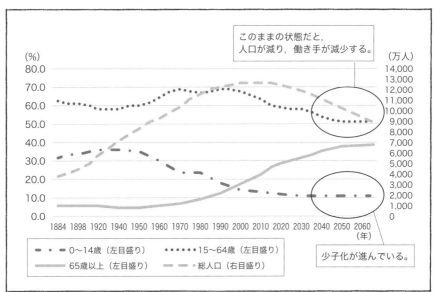

出所：国立社会保障・人口問題研究所「人口統計資料集2018」

先生，65歳以上の人を「高齢者」って呼んでいるんですよね？

そうです。

それでは，いまは，約4人に1人が65歳以上なのですね。超高齢化社会ですね。
図表4-2は，将来の人口の未来予想図ですよね！ 50年後は，私も高齢者になっていますけど，すごい時代になりますね！
このまま少子高齢化が進んでいくと日本はどうなるのでしょうか。

先生，日本みたいに超高齢化社会になっている国は世界にあるのですか？

ドイツのように高齢化が進んでいる先進国もありますが，日本ほど高齢化が進んでいる国はありません。
いま日本の人口は1億2,700万人ですが，2065年には，現在の1億2,700万人の約3分の2の8,800万人になると予想されています。

第4章 自分の生活に統計を当てはめてみよう

これから日本では人口が減っていくんですか？

現在の状況が変わらなければという条件つきですが，日本の人口は減っていきます。

高齢者の数はどうなるのですか？

65歳以上の人は，2060年には，日本の人口の約4割にまで達すると予想されます。

人口は，結婚や出生の数と関係します。図表4-3を見てください。

このグラフを見ると，「婚姻率」が下がっていますね。1972年には，1,000人あたり10人結婚していましたが，2016年には5人に減少しています。結婚しない人がどんどん増えているって知っていますか？

図表4-3 婚姻率と合計特殊出生率の動き

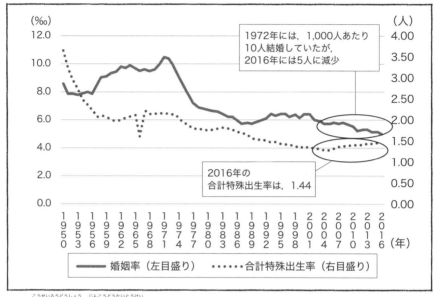

出所：厚生労働省「人口動態統計」

よくテレビでやってますね。近所でもママくらいの歳で独身の人は多いです。

そうね，私の友達の中でも，独身もいます。その友達は仕事が楽しいって言ってましたけど。まぁ，いろいろありますよね。

ママ，どうしてだと思う？

第4章 自分の生活に統計を当てはめてみよう

そうねえ，いろいろ理由があるよね。例えば，
・女性の社会進出に伴うライフスタイルの変化
・1人でも生活できる
・結婚後の収入に対する不安
・結婚に対する理想と現実のギャップ
・コミュニケーション能力
といったようなことは考えられそうだけど…

図表4-3でわかるように，婚姻率の減少と，子どもの数の減少は，大きく関係しています。

合計特殊出生率を見ると，一生の間に子供を産む数は，2016年には約1.5人となっています。合計特殊出生率が2を下回ると，人口は徐々に減っていきます。このことは，日本の人口だけでなく，皆さんの生活にも影響を与えます。

結婚しない人が増えることによって、単身の世帯が増えることになります。私たちの身の回りはどのように変化していくのでしょうか。

図表4-4　家族のタイプの変化

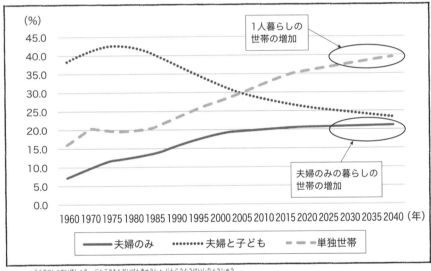

出所：国立社会保障・人口問題研究所「人口統計資料集2018」

ご近所を見ていると、高齢者の1人世帯、ご夫婦のみの世帯が増えていっている印象ですね。

第 4 章　自分の生活に統計を当てはめてみよう

図表4-4を見ると，1人暮らしの世帯が増加しているだけでなく，夫婦のみの暮らしの世帯が増加しています。英子ママの言う通り，2人で生活している高齢者の夫婦，さらに1人暮らしである高齢者が増えていることが原因だと思います。
まあちゃんが30歳代になる2040年になると，1人暮らしの世帯と夫婦2人暮らしの世帯の合計は，全体の6割近くになることが予想されています。結婚しても，自分たちの親と暮らさない人も増えてきて，家族のあり方も変わってきたわけです。

結婚する人の数が減り，結果として子供の数が減り，だから日本で人口が減っていくということですか？

そうです。未婚化・晩婚化が進むことによって家族の形が変化してきました。その結果，日本の人口が減少してきたわけです。

将来、人口が減っていくと、私たちの生活にどんな影響が及ぶのですか？

まあちゃんは、過疎化や過密化という言葉は聞いたことはありますか？

どこかで聞いたことがあるかも…

過疎化は、地域で人口が減っていくことで、過密化は、地域で人口が密集することです。地域で過疎化が進めば、お店がなくなり、住民の社会的孤立がさらに進みます。地域での生活は、より不便になりますし、防犯や防災の面から見ても、リスクが大きいですよね。

「地方創生」、「地域活性化」、「地方消滅」など、「地方」、「地域」は最近の日本の社会を語るキーワードです。

第4章 自分の生活に統計を当てはめてみよう

図表4-5を見てください。都道府県別の人の移動を見たものです。東京都を中心とした南関東地域で人口が増えていますが，他の地域は人口が減っています。その結果，都市の過密化と地方の過疎化が進んでいます。

図表4-5　地域の人口の変化

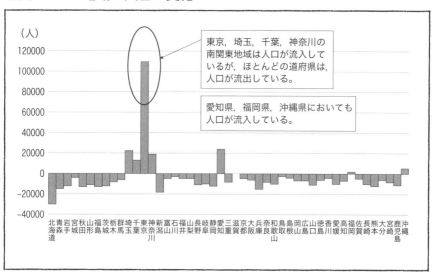

出所：「住民基本台帳人口要覧結果」（総務省），2015〜2016年

このまま日本の人口が減っていくとどうなるでしょうか。例えば次のようなことが考えられます。

① 地域の中で人と人のつながり方が変わります。それは，日本の社会のかたちを大きく変える可能性があります。
② 買い手としての人が減りますので，商品が売れなくなる可能性があります。
③ 働き手も減り，人手が足りなくなれば，企業の売上にも影響を及ぼします。

つまり，日本の経済が今後縮小する可能性があります。

> マーケットが小さくなるのだから，それに合わせてどの業界も早めに準備しておかないといけませんね。

> 年金や医療等に対する働き手の負担もさらに増えるのかも…。

> 私が70歳になっても，バリバリ働いているのかなあ…。

> これから猛スピードで人口が減っていくんですよね。どこかの町が消えるということもあるかも…。

第4章　自分の生活に統計を当てはめてみよう

　このように統計を見れば，日本の人口の実態がはっきりわかります。そして，統計は将来どうなっていくかを考えるための重要な材料となります。

統計を勉強すれば，日本が将来どうなっていくか考えるヒントが得られますね。

そうですね。国や地方の統計をみて，今の世の中がどうなっているのかを細かく知ることが大切です。そして，その状況がこのまま続いたらどうなるのかに関心を持つことが大事だと思います。

先生，ビッグデータがあれば，いつでも統計を作ることができますよね。ビッグデータだけで分析をすればよいのでしょうか？　国の統計を作るためにそのつどデータを集めることは必要だと思いますか？

必要だと思います。日本の人口の数を知るとか、日本のいまの雇用状況を数字で把握するために、国が作る統計データは必要です。

　統計やデータを理解することによって、日本の将来に向けた対策を考えることができます。また、人口減少に対する準備をすることができます。

　みなさんの周りにある統計に目を向けることによって、社会の仕組みがわかってきます。

　この章では、人口を例に、新聞などの各種メディアで出てくる身のまわりの統計ついて話をしてきました。新聞やテレビなどのニュースに出ている世の中の具体的な統計数字から、時代の流れをつかむための情報を見分ける力が身につけば、1人ひとりの生活に役立てることができるでしょう。

第4章 自分の生活に統計を当てはめてみよう

最後に「統計不正」についてですが,統計の利用者と統計を作成している官庁との信頼関係に影を落としてしまいました。統計を作成する側で統計が軽視されてしまっていたのでしょうか。十分な検証もなく,統計の作り方を多少変えても,統計の数字に大した影響は出ないと思っていたのかもしれません。

統計の数字が違っていた場合,誰がデメリットを受けるのでしょうか。数字が間違っていると,どういう方向に行くのでしょうか。

数字が間違っていたら,国の政策が正しい方向に向かっているかどうかを評価できなくなってしまいます。また,統計が都合よく使われたり解釈されたりしてはならないと思います。統計は世の中を映し出す「鏡」であると同時に,国の政策を裏付ける証拠になるからです。

先生，統計が私たちにとって大事な情報であることがよくわかりました。

統計の技術を身につけた人材が不足しているだけでなく，官庁の中で統計に詳しい職員の方が減ってきているのではないでしょうか。統計を作るための技術をどのように継承するのかを考えなければなりません。

先生，今後どうすればいいのでしょうか。

第1章でも少し触れましたが，北欧諸国では行政記録から様々な統計を作っています。第8章でもあらためて説明しますが，統計調査によらない，行政記録から統計を作成するシステムを考える時期にきているのかもしれません。

第4章 自分の生活に統計を当てはめてみよう

統計雑学タイム

　現代で言うところの統計の起源は，3000年近く前の帝政ローマの時代にさかのぼることができます。統計は，兵役や徴税など，国が人々を治めるための資料として用いられてきたのです。
　歴史を見ると，最初，国の人口を調べるための統計が作られていましたが，その後，世の中の経済の動きを知るための統計が作られてきました。
　世界中で，多くの統計が，様々な目的で使われています。
　統計が作られるだけでなく，統計に関する学問も発展してきました。
　今から，約200年前にケトレーというフランスの天文学者が，統計学という学問を体系化しました。それ以降，イギリスのピアソンやフィッシャー等，多くの学者によって，統計学という学問が発展してきたのです。

参考文献：大屋祐雪他編著（1984）『統計学』産業統計研究社

第5章 個人情報はどのように守られているの？

私たちの個人情報が集められ，使われていることに，皆さん気づいていますか？

✎ 無料という名の情報収集

個人情報はどうやって集められているのでしょうか。

▶ インターネットで買い物をするとき，会員登録をしますよね。会員になるために，名前や住所等を書きます。⇒ **それ，個人情報ですよ！**

▶ 写真を撮って，ブログやFacebookに載せている方がいます。誰がブログやフェイスブックをやっているのかわかったとします。⇒ **それも，個人情報です！**

▶ キャンペーン期間中に抽選で〇名に化粧品などのサンプルをプレゼントすることがありますよね。そのときに，応募には会員登録が必要で，名前や生年月日を書くことがありますよね。⇒ **名前や生年月日を書いていれば，個人情報になります！**

▶ サービスを使うために，スーパーやコンビニエンスストアのポイントカード，SuicaやPasmoなどのICカードに，個人や家族の情報を登録しておきました。⇒**個人や家族の情報が入っているのならば，個人情報です！**

先生，クレジットカードのカード番号や，カード決済の情報は個人情報ですか？

クレジットカード番号は，個人と結びつけることのできる情報ですので，個人情報になりますね。

私の情報もいろんな場面で集められているんですね…。

無料という名の情報収集という感じですね…。

第5章 個人情報はどのように守られているの？

企業は、ルールにしたがって、様々な方法で個人のデータを集めようとします。企業にとっては、1人ひとりの買い物の傾向がわかれば、効果的なマーケティングを行うことができます。
キャンペーン期間の抽選といった特定の用途にしか使用しない場合もあればマーケティングの目的で使用する場合もあり、それは収集時に明示されています。通常目的を示して同意をとった上で個人情報を集めます。ただ、防犯カメラのように同意をとらないで収集していることもあります。

ビジネスと匿名加工情報

今、日本では、あらゆる企業が個人の情報をビジネスに活用することに注目しています。

個人情報については、個人が特定できないように処理を行います。このような処理を行うことを匿名化（匿名加工）と言います。

個人情報に対して、誰のものかわからないように加工します。このような加工された情報を匿名加工情報といいます。この匿名加工情報が、これから本格的に使われようとしています。

109

匿名に加工するんですね。

つまり誰の情報かわからないようにするんだね!!

政府が作っている統計データを公開し,提供するために匿名化の技術が必要になります。

個人情報の保護は,ビッグデータの世界ではホットな話題になっています。なぜなら,個人の情報をビジネスで使うには,その情報を持っている個人の許可が必要だからです。

個人情報を第三者に提供するためには,本人に許可をとらなければなりません。しかし,匿名加工情報にすると,個人情報ではなくなります。

世界的に見ても,個人情報保護の動きが高まっています。第2章で話した,EU諸国の一般データ保護規則（GDPR）で見てきたように,ヨーロッパでは,データの所有者である個人の許可なしに第三者に個人情報を提供することはできません。日本でも,改正個人情報保護法ができて,これまで以上に,ビジネスに使いやすくなった

第 5 章　個人情報はどのように守られているの？

半面，個人情報を漏洩した場合の罰則も厳しくなっているのです。

ママ，個人情報を手にした人たちは，情報が漏れないように守らないといけないんだね。

そうね。でも，いまの時代，例えば，防犯カメラやいろんなところで個人の情報って取られているよね。SNSの情報だって，個人情報になるかもしれないよね。1人ひとりが自分の情報をどう守るか考えないといけないんだとママは思うな！

ママとのメールも見られているのですか。

> メールのやりとりは、メールのサーバ（保管場所）には残っています。サーバにあるメールを検索することはできるでしょうね。
> 私たちの1人ひとりの情報は周りの人に知られていることもあります。でも、その情報は、ほかの人に伝えてもいい情報かもしれないし、漏れないように守らなければいけない情報なのかもしれないんです。

✏ ミクロデータの匿名化の方法

つぎに、ミクロデータ（個人のデータ）の匿名化の方法について具体的に話をします。図表5-1は、ミクロデータのイメージを示したものです。

第5章 個人情報はどのように守られているの？

図表5-1　ミクロデータのイメージ

名前	住所	性別	年齢	学歴	収入	世帯人員
田中二朗	東京都新宿区若松町○○	男性	40歳	大学卒	700万円	3人
鈴木雅恵	東京都渋谷区道玄坂○○	女性	35歳	大学卒	800万円	2人
伊東洋子	東京都世田谷区三軒茶屋○○	女性	28歳	高校卒	400万円	4人
佐藤義夫	東京都八王子市片倉○○	男性	48歳	中学卒	300万円	10人
平野順子	東京都多摩市多摩○○	女性	98歳	高校卒	1000万円	1人
前田鉄也	東京都日野市高幡○○	男性	24歳	高校卒	200万円	3人
・			・	・	・	・
・			・	・	・	・
・			・	・	・	・

　第2章でもミクロデータの話をしましたが、この章で扱うミクロデータの中には、名前と住所の情報が入っています。したがって、ミクロデータの中に含まれるデータについては、誰の情報なのかが、すべて特定されます。同姓同名という場合もありますが、名前は個人を直接特定する情報の1つです。

　こういうときに、匿名化にあたって最初に行うのは、名前のようにすぐに個人が特定される可能性が高い情報を削除することです。その代わりに、一連番号を付けます。

　名前を一連番号に変更したミクロデータが**図表5-2**となります。

先生、一連番号をつけるときに、何かルールはありますか。

> とくにありませんが、ここでいう一連番号とは、誰の情報かを特定できるIDではないことに注意してください。

図表5-2　一連番号に変更したミクロデータ

名前	住所	性別	年齢	学歴	収入	世帯人員
0001	東京都新宿区若松町○○	男性	40歳	大学卒	700万円	3人
0002	東京都渋谷区道玄坂○○	女性	35歳	大学卒	800万円	2人
0003	東京都世田谷区三軒茶屋○○	女性	28歳	高校卒	400万円	4人
0004	東京都八王子市片倉○○	男性	48歳	中学卒	300万円	10人
0005	東京都多摩市多摩○○	女性	98歳	高校卒	1000万円	1人
0006	東京都日野市高幡○○	男性	24歳	高校卒	200万円	3人
・		・	・	・	・	・
・		・	・	・	・	・
・		・	・	・	・	・

　地域の情報は、個人を特定する上での重要な情報となります。0005さんは「東京都多摩市多摩○○」に住んでいます。このような詳細な地域の情報がわかる場合、性別や年齢などの地域の住民が持っている情報から誰かわかってしまう可能性があります。

　そこで、「住所」を「地域」に変え、「東京都23区内」と「東京都23区外」の2つの区分に分けます。**図表5-3**は、住所を地域に変更したミクロデータです。

第5章 個人情報はどのように守られているの？

図表5-3　住所を地域に変更したミクロデータ

名前	地域	性別	年齢	学歴	収入	世帯人員
0001	東京都23区内	男性	40歳	大学卒	700万円	3人
0002	東京都23区内	女性	35歳	大学卒	800万円	2人
0003	東京都23区内	女性	28歳	高校卒	400万円	4人
0004	東京都23区外	男性	48歳	中学卒	300万円	10人
0005	東京都23区外	女性	98歳	高校卒	1000万円	1人
0006	東京都23区外	男性	24歳	高校卒	200万円	3人
・			・			
・			・			
・			・			

　名前を消して，住所も「東京都23区内」か「東京都23区外」の2つの区分としました。それでも，0005さんは，年齢が98歳ですので，本人が特定されるリスクがあります。外部の情報を使って，その方が平野順子さんであることがわかった場合，収入が1,000万円あり，学歴が高卒であることもわかってしまいます。それを避けるために，年齢も80歳以上とぼかします。日本の平均寿命は80歳を超えるので，そうすれば，特定されるリスクが減るでしょう。また，年齢を1歳刻みにするのではなく，5歳刻みに粗くしておけば，リスクはより下がります。

　図表5-4は，さらに年齢を加工したミクロデータとなっています。

図表5-4　年齢を加工したミクロデータ

名前	地域	性別	年齢	学歴	収入	世帯人員
0001	東京都23区内	男性	40〜44歳	大学卒	700万円	3人
0002	東京都23区内	女性	35〜39歳	大学卒	800万円	2人
0003	東京都23区内	女性	25〜29歳	高校卒	400万円	4人
0004	東京都23区外	男性	45〜49歳	中学卒	300万円	10人
0005	東京都23区外	女性	80歳以上	高校卒	1000万円	1人
0006	東京都23区外	男性	20〜24歳	高校卒	200万円	3人
.			.	.	.	.
.			.	.	.	.
.			.	.	.	.

　ただ，0004さんの場合，東京都23区外とまとめても，世帯人員が10人であれば，それが佐藤義夫さんの情報だとわかるかもしれません。近所の住民でもしこのようなミクロデータを入手できる人がいたら，佐藤さんの情報をミクロデータから探して，佐藤さんの収入や学歴を調べようとする可能性があります。

　したがって，世帯人員を7人以上にまとめることにします。三世代世帯は少なくなったとはいっても，東京23区外で三世代世帯はそれなりにいるからです。そのため，佐藤さんが特定される可能性は非常に低くなると考えられます。**図表5-5**は，世帯人員も加工したミクロデータです。

図表5-5　世帯人員も加工したミクロデータ

名前	地域	性別	年齢	学歴	収入	世帯人員
0001	東京都23区内	男性	40～44歳	大学卒	700万円	3人
0002	東京都23区内	女性	35～39歳	大学卒	800万円	2人
0003	東京都23区内	女性	25～29歳	高校卒	400万円	4人
0004	東京都23区外	男性	45～49歳	中学卒	300万円	7人以上
0005	東京都23区外	女性	80歳以上	高校卒	1000万円	1人
0006	東京都23区外	男性	20～24歳	高校卒	200万円	3人
・		・	・	・	・	・
・		・	・	・	・	・
・		・	・	・	・	・

先生，匿名化の方法は，他にもあるのですか？

ほかには，一部抽出して第三者に提供する方法があります。

先生，一部抽出って何ですか？　教えてください。

> 簡単に言うと,すべてのデータではなく,一部のデータだけ抜き出して,提供することです。つぎの図表5-6を見てください。

図表5-6　一部抽出されたミクロデータ

一部抽出する前のミクロデータ

名前	地域	性別	年齢	学歴	収入	世帯人員
0001	東京都23区内	男性	40〜44歳	大学卒	700万円	3人
0002	東京都23区内	女性	35〜39歳	大学卒	800万円	2人
0003	東京都23区内	女性	25〜29歳	高校卒	400万円	4人
0004	東京都23区外	男性	45〜49歳	中学卒	300万円	7人以上
0005	東京都23区外	女性	80歳以上	高校卒	1000万円	1人
0006	東京都23区外	男性	20〜24歳	高校卒	200万円	3人
・		・	・	・	・	・
・		・	・	・	・	・
・		・	・	・	・	・

⬇

一部抽出した後のミクロデータ

名前	地域	性別	年齢	学歴	収入	世帯人員
0002	東京都23区内	女性	35〜39歳	大学卒	800万円	2人
0005	東京都23区外	女性	80歳以上	高校卒	1000万円	1人
・		・	・	・	・	・
・		・	・	・	・	・
・		・	・	・	・	・

第5章　個人情報はどのように守られているの？

ランダムに選ぶなど，ルールを決めた上で，一部のデータだけ抜き出します。

 先生，一部だけ選ぶと，安全なデータになるのですか？

そうです。一部抽出されたミクロデータであれば，特定化されるリスクが下がります。例えば，0005さんのデータは，80歳以上，女性で収入1,000万円ですが，選ぶ前の元のデータにも同じような情報を持ったデータがあるかもしれないからです。したがって，リスクは下がるのです。

　例えば，収入が1,000万円以上の人のみに絞って，個人を特定しようとする場合を考えてみましょう。1,000万円以上のデータを検索して絞り込んだとしても，地域，年齢，世帯人員など他の情報を加工し，すべてのデータから一部のデータのみが抽出されていれば，誰が1,000万円以上の収入を持っているのかを特定するのは難しくなります。

> 先生，収入には，何の加工も加えていませんよね。年齢と世帯人員の情報を加工するのは，その情報から誰なのかがわかって，その人の収入を知られたくないからですよね。そんなに見られたくない情報なら，収入もぼかしたらどうですか？

> 英子ママ，するどいですね。収入の情報を使って，誰かを特定しようとすることを考えるのであれば，収入をぼかす必要があります。

収入をぼかした場合も考えてみます。例えば，700万円以上の収入があった場合，「700万円以上」とぼかすことにします。したがって，収入が1,000万円の0005さんも，ミクロデータでは，「700万円以上」と表示されます。**図表5-7**を見てください。

第5章 個人情報はどのように守られているの？

図表5-7 収入を加工したミクロデータ

名前	地域	性別	年齢	学歴	収入	世帯人員
0001	東京都23区内	男性	40～44歳	大学卒	700万円以上	3人
0002	東京都23区内	女性	35～39歳	大学卒	700万円以上	2人
0003	東京都23区内	女性	25～29歳	高校卒	400万円	4人
0004	東京都23区外	男性	45～49歳	中学卒	300万円	7人以上
0005	東京都23区外	女性	80歳以上	高校卒	700万円以上	1人
0006	東京都23区外	男性	20～24歳	高校卒	200万円	3人
・			・	・	・	・
・			・	・	・	・
・			・	・	・	・

収入の数字をぼかすことによって，収入の情報を使って個人を特定するのは難しくなるでしょう。

このように加工するんですね。わかりました。

誰だかわからなくすることで，私たちの個人情報が生かされるのですね。

でも,まあちゃん,ただ情報をかくして,誰だかわからなくすればいいというわけではないよ。それ,使えない情報だったら意味ないんだよ。例えば,収入を700万円以上にぼかしてしまったら,個人を特定するのは難しくなるけど,必要な情報が減っているかもしれない。
先生,匿名化ってまだよくわからないんですけど,なんだか難しそうです。

匿名化をするときの基準を考えるのが難しいですよね。

コンピュータに任せておくと,自動的に加工されたデータができるのなら楽なのに……。

多くの企業が,匿名加工情報を作る技術の開発に取り組んでいます。ただ,匿名加工のルールを決めるのは,人間です。

第5章　個人情報はどのように守られているの？

コンピュータにすべて任せるのではなく，人間がデータの中身をよく理解した上で，加工する必要があるのですね。
でも，先生，AIを使って，データの特徴に合わせて適切な匿名化の処理をしてくれる技術も将来出てくるかもしれませんよ。

匿名化したデータを作る側が，どのようにしたら個人がわからない状態になるのかについて，ルールや基準を決めておく必要があるのです。その基準については，AIで自動的に決めてくれるわけではありません。

データが誰のものかわからないように工夫して加工すれば，データの利用がさらに広がりそうですね。
日本では，この匿名化されたデータをビジネスで販売しようとしているのですか？

個人情報を匿名化して，ビジネスとして販売しようという動きは進んでいます。個人情報から新たなビジネスが展開される時代になったのだと思います。

第6章 統計から何が見える？①
——私たちの未来

いま，日本はいろいろな問題を抱えています。
私たちの未来はどうなるのでしょうか。
統計から探ってみましょう。

> 第4章で見た統計を覚えていますか。実は，この章で見た統計は，日本の大きな問題を表しています。それを3つのキーワードにまとめてみました。

①人口の減少（超高齢化＋少子化）
②1人世帯の増加（家族のあり方の変化）
③地域の格差（過疎化・過密化）

これをチャートにしてみました（図表6-1）。

図表6-1 日本の問題に関するチャート

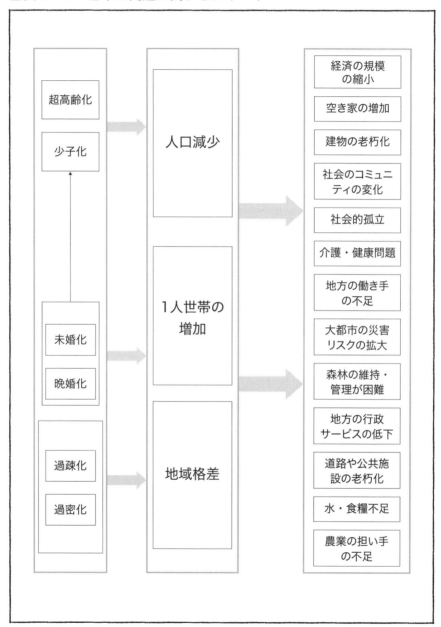

第6章 統計から何が見える？① 私たちの未来

まあちゃん，英子ママ，先に挙げたキーワード3つから，今と何がこれから変わっていくのだと思いますか？

人が減っていくんですよね。今以上にモノがいらなくなるんじゃないんですか。モノが売れなくなると思う。

働き手も減っていきますよね。人手不足が深刻になるでしょう。

1人暮らしの人が増えるんですから，サービスの仕方が変わりますよね。家族向けのサービスではなくて，1人向けのサービスになりますよね。医者も減っていくだろうから，これまで受けてきた医療サービスを今後も受けることができるかわかりませんね。

働き手も減れば,国や地方の税収も減るでしょうか。国の財政がこれまで以上に厳しくなった時,人手不足もあり,警察,防災,消防など,今まで当たりまえに受けていたサービスが受けられなくなるかもしれませんね。
地方に人が減って,ますます大都市に人口が集中しますよね。

大都市の災害のリスクがますます拡大しますね。

私がおばあちゃんになったとき,周りはみんなおじいちゃん,おばあちゃんなのかな…。

人間も年をとりますけど,あらゆるものが老化しますよね。

人口減少と空き家問題

図表6-2は,住宅の建築時期から見た持ち家と借家の戸数を表にしたものです。

第6章 統計から何が見える？① 私たちの未来

図表6-2 住宅の建設時期

(単位：戸)

建築時期	総数	持ち家	借家
1950年以前	1,639,900	1,450,900	189,000
1951～1960年	925,000	749,900	175,100
1961～1970年	3,294,200	2,285,800	1,008,400
1971～1980年	8,331,600	5,835,400	2,496,300
1981～1990年	9,662,700	6,108,500	3,554,300
1991～1995年	5,391,700	3,205,500	2,186,200
1996～2000年	5,661,800	3,674,600	1,987,200
2001～2005年	5,479,600	3,458,600	2,021,000
2006～2010年	5,470,700	3,194,500	2,276,100
2011～2013年	2,132,200	1,335,100	797,100
計	52,102,200	32,165,800	18,518,900

出所：「平成25年住宅・土地統計調査」（総務省）

図表6-2を見ると，例えば，1970年代に建てられた家の数は，約8,330,000戸にもなっています。

古い家が多いですね！

1970年代にできた築40年以上の家が,約8,330,000戸もあるんですね。
最近,空き家が増えているというニュースを見たような…。

　住宅・土地統計調査によれば,**2013年の日本全体の住宅数**は,60,628,600戸です。それに対して,空き家数は,8,195,600戸です。つまり,住宅の**約7戸に1戸**は,空き家になっています。また,2016年の野村総合研究所の試算によれば,2033年には,住宅の数は約71,260,000戸に増えますが,空き家の数は約21,670,000戸と予想されています。したがって,**2033年には,住宅の約3戸に1戸は,空き家になる**と予測されているのです。

そんなに空き家って多かったんだ。そういえば,家の近所にも空き家があったね。

空き家予備軍も多いしね。

　つぎの**図表6-3**は,総住宅数,空き家数および空き家率の実績と将来予測を示したものです。

第6章 統計から何が見える？① 私たちの未来

図表 6-3　総住宅数，空き家数および空き家率の実績と予測結果

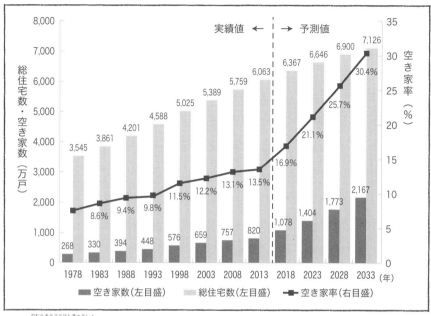

出所：野村総合研究所
https://www.nri.com/jp/news/2015/150622_1.aspx

 今から約40年前は，空き家率は約8％だったのに，それから35年経つと，空き家率は13％を超えていますね。

高齢化が進んで，少子化も進んで，人口がこれから減っていくんだよね。家がそんなに必要なくなるよね。

未婚化や晩婚化が進んで，1人暮らしの人も増えたら，今までの家族タイプの家はいらなくなるしね。
空き家が増えて，人が減っていけば，防犯面や火災なども恐いし，治安も心配だわ…。

都道府県別の空き家率と空き家数

つぎの図表6-4を見てください。都道府県別に空き家率を見たものです。

第6章 統計から何が見える？① 私たちの未来

図表6-4 都道府県別に見た空き家率

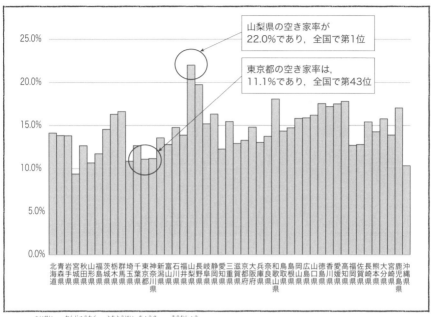

出所：「平成25年住宅・土地統計調査」（総務省）

山梨県の空き家率が最も高いです。ただ、山梨県は空き家の中で一戸建ての割合が、57.5%です。
東京都の場合、空き家率は低いのですが、空き家の数は、全国で最も多く、約81万戸です。また、東京都の場合、空き家の中で共同住宅の割合が、84.2%です。大都市では、マンションの比率のほうが高くなるわけです。

ママ、人口が減っていて、空き家が増えてきているのに、駅前に新しいマンションができているよ。

つぎの図表6-5を見てください。共同住宅の空き家数を都道府県別に見たものです。

図表6-5　都道府県別の共同住宅の空き家数

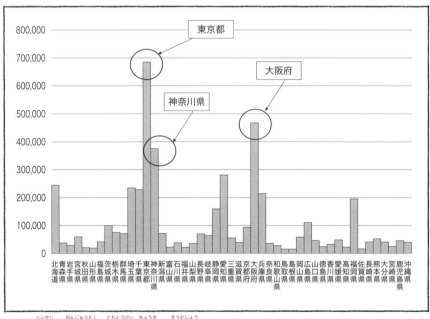

出所：「平成25年住宅・土地統計調査」（総務省）

第6章 統計から何が見える？① 私たちの未来

東京都、大阪府、神奈川県を含む大都市圏は、マンションといった共同住宅の割合が非常に大きいですよね。大都市では、マンションの比率のほうが高くなるので、マンションの空き家は大都市に集中しています。

都心の駅前の周辺や、湾岸地域では、高層マンションが建っていますよね。生活のしやすさや眺めの良さなど、新築のマンションに対する需要があります。だから、マンションの空き家が多いのに、マンションの数は減っていません。

人口がどんどん減っているのに、大都市では、新しいショッピングセンターや高層マンションができているってことですよね。将来人手不足になるかもしれないのに、ちゃんと管理ができるんでしょうか？
必要以上に新築の一戸建てやマンションが供給されているような…。

135

住宅の需要と供給の間にミスマッチが起こっているということではないでしょうか。

ヨーロッパみたいに、古いものを再利用するという発想があってもいいと思います。モノやサービスに付け加えられる価値も時代のニーズに応じて、変わっていきますから。古いものの価値も高まるのではないでしょうか。

いろんなものが年を取っているよね。道路や橋もそうだよね。家の近くの看板も古くて、ママがいつもここの看板は落ちそうだから、そこの道を歩いちゃだめだって言っているよ。

マンションとかもスラム化するんですかね。どうしたらいいのでしょうか。居住者の数が減ってきていて、マンションの修繕も難しくなるんじゃないんですか。

第6章 統計から何が見える？① 私たちの未来

水道管や下水道管の老朽化も見られます。道路の陥没もあります。電車や新幹線のトラブルも老朽化もその一因ではないでしょうか。人の減少が進めば，公共施設や交通機関の老朽化に対する対策も難しくなっていくでしょう。

駅前の再開発ばかりが進んでいて，駅から少し離れると，商店街がさびれているのを目にするんですけど。このまま人口が減れば，さらにそうした状況が進むんでしょうね。地方自治体の運営も難しくなるのでしょうね。

統計は社会を映す鏡

先生，どうしたらいいんですか。統計から何か対策はできないんですか？

いま，政府が統計などのデータを用いて政策を作る動きが出てきています。証拠に基づく政策立案（Evidence-Based Policy Making=EBPM）と呼ばれています。

統計を使って，世の中で何が起こっているのかを理解することが重要です。統計は社会を映す鏡だからです。政策に必要な統計の数字をよく見た上で，次の手を考えることが必要です。私たち1人ひとり自分の未来をシミュレーションしてみましょう。

第7章 統計から何が見える？②
——私たちの生活のヒント

統計から私たちの未来の生活が少しは見えてきましたか？

スポーツを見ていると，様々な日常生活のヒントがかくれていますよね。スポーツの解説やスポーツ選手のコメントも，見方を変えれば主婦にも役に立ちます。これって世の中の統計を使う場合にも，同じことが当てはまると言えますか？先生！

そのように言うことができますね。その人の見方によって，1つの統計から様々なことが見えてきますよね。

統計は人の様々な行動の結果ですよね。いろいろな統計を見ることで世の中の変化をつなげて考えることができますね。スポーツ選手は試合の勝ち負けについて，なぜ負けたのか？という理由を考えて，それを自分の経験にしていると思うのですが，データを使う場合もこれと同じですか？

データの中に様々な人の経験が入っています。データを分析することによって，その結果をつぎの経験に生かすことができます。
分析するとは，データに含まれる情報の中身をよく調べて，データの特性を把握することです。

統計やデータの中にある人の感情や心も読み解かないといけないですよね。

するどい感性も必要ですね。

第7章 統計から何が見える？② 私たちの生活のヒント

✎ これから社会は大きく変わる

126ページにある第6章のチャートを見てください。人口の減少，1人世帯の増加，地域格差がそれぞれ結びついていますよね。さらに，それらが地域のネットワークの崩壊，地域経済の縮小，マーケットにおけるニーズの変化など，様々な変化をもたらしているのです。

私が大人になるとき，怖い時代になるんですね…。

1つの統計からいろいろな世界が見えてきますよね。126ページのチャートにあるキーワードから私たちの未来，私たちの生活がこれからどのように変化するのか考えてみましょう。

これから社会が大きく変わります。つまり，私たち1人ひとりが，これまでとは違う舞台で日々の生活を行うことになります。
日本の問題について3つのキーワードで表すと

①人口の減少
②１人世帯の増加
③地域の格差

となります。

　126ページの日本の問題に関するチャートから，私たちの生活，私たちの社会が具体的にどのように変わっていくのか一緒に考えていきましょう。

これまでのサービス，仕事，商品の内容が変わってくると思います。
例えば，１人で行きやすい場所が増えるとか，今でもカラオケとか１人向けが増えたけど，１人で遊ぶ場所もこれからもっと増えていくんじゃないかな。

先生も本を読むとか，１人でいる時間は，好きでしょう？

そうですね。本を読むだけでなく，何かものを書く時には１人でいないと難しいですね。

第7章 統計から何が見える？② 私たちの生活のヒント

1人時間が楽しめるのは，健康に生活できているからっていうのもあるわよね。
1人世帯が増えていくと，中にはとなり近所でも，誰が住んでいるのかわからないってことありそうね。

第4章で国勢調査の話をしましたよね。2015年の国勢調査によれば，日本では，世帯の数が，約5,300万世帯で，65歳以上で1人暮らしをしている世帯が約593万世帯います。つまり，約10世帯に1世帯が65歳以上の1人暮らし世帯なんですね。

1人暮らしだと，コミュニケーションをとる時間は少なくなるよね。人と人がつながる場所がますます必要になるのではないかしら。

家族と一緒に住んでいても,スマホやネットをしてばかりで,1日中自分の部屋で1人でいる人も多いかもね。
スマートフォンばかり動かしていたら,他になんにもできなくなっちゃう。さらに,塾やおけいこばっかりでみんな忙しいし…。

私が小さい頃は,放課後も,学校の運動場で暗くなるまで遊んでいたんですけどね。私は下町で育ったから,近所のおじさんやおばさんからもよく声をかけられてましたね。

人口が減っていくと,となり近所はみんな空き家の地域だって増えるだろうし…。

スーパーが近所になくなったら,生活大変だよね。インターネットでいくら注文できても,目で見て買い物するのは,みんな好きだしね。

第7章 統計から何が見える？② 私たちの生活のヒント

今でもスーパーや商店街に行くのが楽しみの1つよ。世の中が見えるからね。地元の商店街に行けば地域にお金を落とすことになるよね。

地域の商店街でシャッター商店街が多いですよね。地域でお店がなくなると、買い物する場所がなくなるから、買い物難民が増えるリスクがあります。

今の商店街だって、もっと大切にしなきゃって、ママいつも言ってる。いくら大きなお店ができても、ママは商店街を応援するって言ってるよ。

地域の商店街は、ただ買い物をするだけの場所ではなく、地元の住民にとってコミュニケーションする大事な場所だと思います。それから、商店街が元気な街は、活気がありますよね。そういうコミュニケーションを取る場所が減ってきているのではないでしょうか。

交際・つきあいの時間は25年で半減した

つぎの**図表7-1**を見てください。10歳以上の人を対象に，1日の生活時間を調査した社会生活基本調査のデータから，1日に「交際・つきあい」を行う時間を1976年から2016年の40年間にわたってみたものです。

1991年では，「交際・つきあい」を行う時間が，56分であるのに対して，2016年では，26分と半分以下に減っています。

図表7-1　1日に交際・つきあいを行う時間

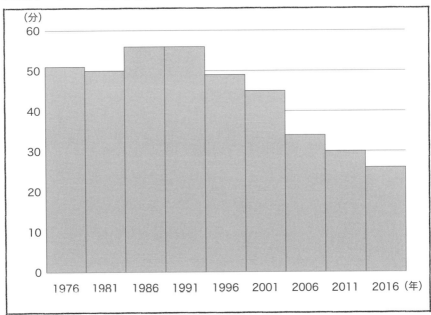

出所：「社会生活基本調査」（総務省）

第7章 統計から何が見える？② 私たちの生活のヒント

最近のSNSの影響なんでしょうかね。ただ，やっぱり，商店街とかで，近所の人と話をしたり，サークルなどで人と直接触れ合って，コミュニケーションをとったりするほうが，ママは好きだな。

先生，これから働き手は減るんですよね。いろんなところで人手不足で，これから日本は大丈夫ですか。

働き手をすべてAIに置き換えることは難しいと思います。日本のモノづくりが立ちいかなくなりますので，働き手を増やすための対策が必要です。

　例えば，多くの外国人が働く場合，仕組みを考える必要があります。具体的には，外国人の働き手における税金の支払いや健康保険のサービスの仕方も考える必要があるでしょう。

2015年の国勢調査によれば,仕事をしている6,000万人の働き手の中で,農業をしている人は約200万人ですが,そのうち半数以上が65歳以上です。また,林業に従事している人は約5万人しかいません。農林水産業の人手不足は深刻ですよね。高齢化もとても進んでいますし。若い方がもっと仕事に関心を持つことができるような魅力ある政策が求められています。

私たちの食事だって農家の方たちが一生懸命作ってくれる野菜や果物でできているのに,作ってくださる人が減っていくんですよね。

農林水産の分野で仕事をしたい,やる気のある方へのサポート体制が,日本では整っていませんよね。地元で作った野菜や肉を地元で消費するような仕組みがもっとあれば,地元にマーケットができて,雇用も生まれるのにね。

第7章 統計から何が見える？② 私たちの生活のヒント

私のおじいちゃんは林業を60年間1人でやっていて，おじいちゃんを支えるおばあちゃんは苦労の連続だったんだよ。

山間部に人が住んでいるおかげで今の自然が保たれていますね。

人間は，自然に守られているのに，自然を大切にしてないんじゃないんですか？道路や建物はたくさんあるのに…。
自然や山は，デパートで売ってないよ。これまで自然に関わってきた人たちが命がけで守ってきたものだよ。

木がなくなると，例えば家具職人さんが命がけでつないできた匠の技術も失われてしまいますね。

森林をどう守っていくかは日本にとっては大きな課題ですよね。日本の森林は財産ですから。

日本の国土の70％は森林で，所有者不明土地となっている森林も多いっていうし。

所有者不明土地も含め,森林の保全や管理をどうするのか,考えないといけないですね。森林があるから,きれいな水ができます。森林の管理を怠れば,森林にある水が失われますし,自然災害のリスクが高まります。

森林に限らず生活に関わるすべてのデータから,この日本の問題がもっと見える形にならないんですか?
例えば日本の負債はどんどん増えてますけど,これが家計ならもうとっくにやっていけませんよ! 正しい判断がますます求められる時代ですね!

グローバル化の時代だよね。私は英語は話せなくても,人間にはスマイルという世界共通のコミュニケーションがあるよ!
日本の問題がもっと見える形になれば,みんなで話し合うこともできるよね。
日本だけでなく外国の人とも話し合いができたらいいなあ。

第7章 統計から何が見える？② 私たちの生活のヒント

まあちゃん，知らない人としょっちゅう長話しているもんね…。

ママ，おしゃべりはいろいろ役立つこと多いよ。

会話の中から生活に役立つ情報，健康や地域のサービスの情報などいろいろ入ってきますし，データの積み重ねですね。
自分の経験＋他人の経験に基づく想像力とデータ×データですね。
日本の将来を考えるヒントになる会話がたくさん出てきましたね。今から1人ひとりができることを 生活に取り入れることで，少しでも笑顔を増やしていきたいものです。

✎ キーワードは「健康」「ひとり」「コミュニケーション」

これから社会の変革が起きるとき，ビジネスも変わるでしょう。ビジネスの変革，企業のモノづくりやサービスの提供，さらには個々人が行う仕事の面だけでなく，私たちの生活にも関わりがあります。

ビジネスが成立するには，モノやサービスに需要と供給が必要です。

需要の側から見れば，ある商品・サービスが足りないと，商品に対するニーズが出てきますので，そこにビジネスが生まれます。

供給の側から見れば，買い手にとって新しい価値（付加価値）を感じてもらえるような商品・サービスを生み出す必要があります。

そのために，データとデータのコラボレーションが新しいニーズ，新しい価値，そしてこれまでになかったアイデアを生み出そうとしています。

図表7-2　需要・供給とデータとの関係

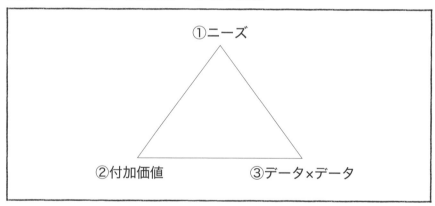

人々のニーズを探るために，統計やデータを生かすことで新しい付加価値や時代に必要なものが見えてくるんですね。

第7章 統計から何が見える？② 私たちの生活のヒント

- データ×AI
- データ×人
- データ×統計
- データ×感性

など，データ×データによって，新しいチャンスが生まれるでしょう。

ここで，第6章の日本の問題に関するチャートやこれまでこの本で話してきたこれからの生活のヒントを3つのキーワードにしました。

①**健康**

②**ひとり**

③**コミュニケーション**

1人暮らしだと，人と話をすることがあまりないのかな。おしゃべり大好きだから，今から考えないと。

これから人と会話をする，人と触れ合うことも格差になるのかしら…。

1人暮らしの場合，1日のうちどの程度会話しているのかを振り返ってみる必要がありますね。

家の近くの団地って，1人暮らしの高齢者の人多いんだよ。
おしゃべりから健康情報や他の人がやっている健康の秘けつなど入ってくるよね。
おしゃべりしないと地域の生の情報も入ってこないしね。

会話するのは認知症予防にいいのよ。
高齢者だけじゃないよね。若い人でも1人暮らしの住民が増えてきたけど，住民同士のつながりがなくなってきたようね。
コミュニケーションをどのようにするか考えないといけませんね。

　先ほど話した，①健康，②ひとり，③コミュニケーションは，1人ひとりの生活にとって大きなヒントになります。さらには，モノづくりやサービスの提供を行う上でのヒントにもなるでしょう。これらをより深く考えていくことによって，ビジネスを行う上でもヒントがありそうですね。

第7章 統計から何が見える？② 私たちの生活のヒント

超高齢化になる前に健康やコミュニケーションの大切さを考えないと…。今からできる準備だね。

高齢者だけでなく、若い人でも1人暮らしの住民が増えてきたけど、住民同士のつながりがますます大事になりますよね。
ところで、近年、世界的に見ても異常気象で、日本でも水害や災害など増えましたね。
これから人手が足りない災害時など、今以上の危険が人間に押し寄せてくるんですね。
道が1つ寸断されれば、孤立する村・都市もありますね。

人間ができる限りの対策を考え続ける意味でも、記録としてデータを残し続ける価値は大きいですね。

まあちゃん、そのとおりです。そして、データを管理して、必要な人が使えるような仕組みづくりが求められるでしょうね。

成功したことだけでなく、うまくいかなかったこともデータに残して次に生かすことができるのではないですか？

そうです。あらゆるデータは、未来へのステップに進むための歴史的な資料としての価値があるはずです。

人間も道が寸断されるように孤立が問題になってくるのでは？

社会的孤立には、人々の雇用環境が大きな影響を及ぼします。労働力調査の統計データで確認してみましょう。

　つぎの**図表7-3**は、労働力調査で見た「ニート」の数の変化を見たものです。

第7章　統計から何が見える？②　私たちの生活のヒント

「ニート」とは，15歳から34歳までで，仕事をしておらず，職探しもしていない人で，主婦や学生は除かれています。この図表は，15歳から34歳までだけでなく，35歳から59歳までの男女の数も示しています。

図表7-3　「ニート」の数の変化

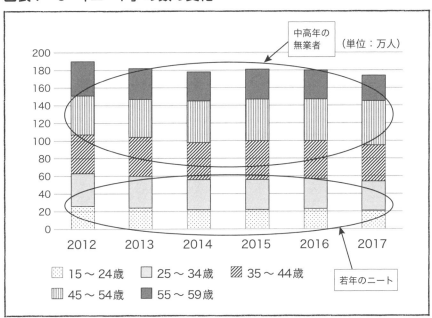

出所：「労働力調査」（総務省）

若年のニートよりも中高年で仕事をしていない人のほうがずっと多いんですね。

2017年の数字では,15歳から34歳までのニートが54万人であるのに対して,35歳から59歳の中高年の無業者は120万人となっています。
無職の方でも働きたいと思っている人についてはニーズに合わせた雇用対策を考えなければなりませんね。

いまでこそ人手不足といっているけど,もっと前に何か手をうたないといけないですよね。

こんなに無職の方がいるということは人手不足ではないんじゃないかなあ。

　社会で孤立化が進んでくれば,他人とのコミュニケーション不足をもたらすことになります。コンビニやスーパーに行かなくても,インターネットで買い物もできますし,自宅で仕事ができれば,外に出なくても生活することができます。

第7章 統計から何が見える？② 私たちの生活のヒント

若い方だけでなく、中高年の方もコミュニケーションが少なくなっているように見えますね。

先生、家にいる時間が長いと、家族以外と会わない日ありますよね。

社会生活基本調査という統計調査を見て家での生活を見てみましょう。

図表7-4　1日の生活の中で一緒にいる人の割合（65歳以上）

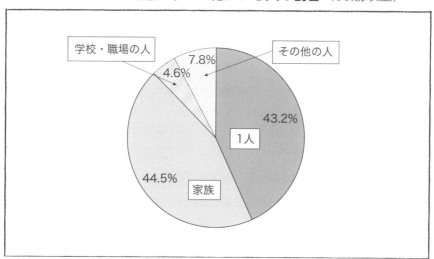

出所：「平成28年社会生活基本調査」（総務省）

社会生活基本調査は，10歳以上の世帯員約20万人を全国から無作為に選んで（確率にしたがって）実施した調査です。65歳以上になると，1日の生活の中で1人でいる割合が4割，家族といる割合が4割となります。家族以外の方と過ごす時間が非常に少ないわけです。

自宅以外に人と交流する場所が必要ですよね。たわいのないことでも話ができる場所って大事だよね。

私は毎日学校に行っているから，学校で友達といっぱいしゃべっているよ。それに行き帰りに近所のおばちゃんやお店の人としゃべるよ

65歳未満の人は，学校や職場といった行くところが他にあるのです。次の図表を見てみましょう。

第7章 統計から何が見える？② 私たちの生活のヒント

図表7-5 1日の生活の中で一緒にいる人の割合（65歳未満）

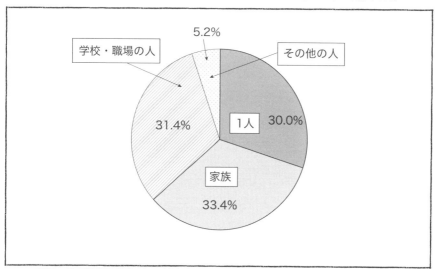

出所：「平成28年社会生活基本調査」（総務省）

65歳未満の場合，1人でいる割合，家族でいる割合，学校や職場の人といる割合が約3割となっています。学校や職場が，日々のコミュニケーションにおいて重要な役割を果たしていることがわかります。

　コミュニケーションの必要性が言われています。**コミュニケーションを通じて，情報を共有し，ネットワークを作る能力が，これからますます必要な時代に入っています。**

コミュニーケーションをとることによって，様々な考えに触れることができるし，いろいろな人の声を聴くことができますね。一部の声だけ聴くのは考えが偏ってしまいそうです。

私の友達が，犬を飼ってるんだけど，飼い主から愛情が足りないとき，飼い主の手を噛むことがあるんだって。

コミュニケーションをとるときに，相手の話をきちんと聞くことも大事ですよね。裸の王様になってしまいますよね。

家の近くの公園に私がひろくんと呼んでいるネコがいるよね。ひろくんは人間同士や国同士の争いには全く興味がないでしょ。ひろくんに近づいてきた人達は，知らない人達同士なのに，話をして，つながりが生まれていってるよね。

第7章 統計から何が見える？② 私たちの生活のヒント

地域のコミュニティが生まれていますよね。ひろくんは人間との関わりをとても強く求めているから，人懐っこいんだよね。

自然とひろくんの周りに人が集まってくるんだよね。これはお金もうけとは一切関係のないつながりだよね。

統計の数字に現れにくいことですが，そういう1つひとつのコミュニケーションがいま大事になっているんですよね。

最終章で，統計とデータの未来設計図を描きながら，今後の地域や社会との関わり方についてみなさんと一緒に考えてみたいと思います。

第8章 統計の未来設計図
——未来に統計を残す

　これまで,いろいろな角度から統計や統計データを使ってこれからの私たちの未来の生活を見てきましたが,未来に統計を残すとはどういうことでしょうか？

私たちが持っている様々な情報が,統計や統計データになって,未来の日本に役立つってことですか？

そうです。みなさんが持っているデータは,未来の日本で出てくるいろいろな課題を解決するための大事な資料になります。

未来の人間にデータをつないでいくってことですか？　ブリッジですね。

現在の人間の生活に関するデータは，10年後，20年後の将来の生活につながります。まあちゃんの今のデータも，未来のまあちゃんにつながっていくのです。

先生，私たちのデータを使うときに，特定の人や組織の利益のためだけではなく，すべての人の生活に役立つシステムを作ることはできないのですか？

まあちゃん，10歳なのに本当に難しいことを聞きますね！「公共の利益」という言葉があります。みんなの利益という意味なのですが，個人のデータを使う側にその意識が必要ですね。何のためにデータを使うのかということです。

生活する上で必要なものが与えられていない人や悩みをかかえている人などを助ける社会のシステム作りはできないのですか？

みなさんで助け合うことができる仕組みづくりは必要だと思います。データが集まっていれば，誰が困っているかを見つけやすくなるはずです。

いつも問題が起きたときに，組織の連携不足などがニュースで指摘されますよね。子供のことで言えば，児童相談所，児童福祉施設，学校，教育委員会，警察などと情報を共有するためのシステムを，国と地方自治体の間で作ることはできないのですか？

英子ママ，私は，国と地方自治体で情報を共有するためのシステムがこれから必要になるだろうと考えています。それによって，統計データをどのように集めるかも変わってくるでしょう。
現在，日本では，国と地方自治体の行政機関において個人のデータはつながっていません。データをつなげようとすれば，そのためのシステム作りと法制度の整備が必要になるでしょう。

統計調査の環境は，近年悪化してきており，統計調査を実施するのは，これまで以上に難しくなってきました。行政を行うにあたって，統計データをどのように集めるのが良いのかを国と地方自治体で考える時期に来ていると思います。また，そのデータをどのように共有できれば，政策により役立てることができるのかを考えることも必要でしょう。

統計調査を実施するために，多くの調査員の方々が調査票を家々に配り，調査票を回収しているんですよね。家に誰もいなかったら，調査員の方は，何回も訪問しないといけなくなりますね。

第8章 統計の未来設計図 未来に統計を残す

調査票を配布し,回収する仕事も大変になってきたのですが,調査票を集めた後,地方自治体が調査票の記入のチェックを行っています。こういう審査も,人手による手間がかかるのです。

地方自治体に集まった調査票は,国に送られます。集まった調査票はデータに加工され,それを集計して統計表ができます。集計されるまでにも,データの審査など様々なプロセスがあり,多くの人手と時間をかけて国の統計は作られているのです。

先生,統計データを集めるために統計調査の実施が大変なのはよくわかりました。民間のビッグデータ,行政記録のデータも使えたら,統計を作るのはもっと楽になるのかなあ？

海外で,国と地方自治体のデータがつながっている国はあるのですか？

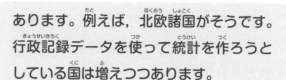

あります。例えば、北欧諸国がそうです。行政記録データを使って統計を作ろうとしている国は増えつつあります。

　海外では、行政記録データをつなげて、必要に応じて統計を作っている例があります。デンマーク、フィンランドなどの北欧諸国は、生まれたときから本人にIDがついており、IDを通じて家族の情報がひも付けられています。また、

- 進学
- 引っ越し
- 就業
- 結婚

などの生活する上での各種のイベントは、すべて行政記録からデータが集められ、IDを通じて、それらのデータがつながります。そして、統計を作っている官庁が、必要な情報をデータから取り出して、国の統計を作っているのです。

　つぎの**図表8-1**を見てください。これは、行政記録データの更新のイメージを示したものです。

第8章 統計の未来設計図　未来に統計を残す

図表8–1　行政記録データの更新のイメージ

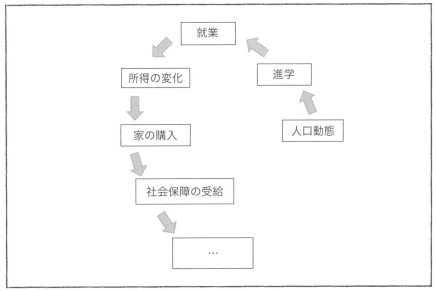

出所：伊藤（2017）を一部修正

・本人が世の中に生を受ける
・進学する
・仕事に就く
・所得が入る
・家を買う
・社会保障が受給される

等，これらのデータは行政記録上で更新されていきます。

次に、デンマークを例に挙げます。デンマークの場合、個人のID、建物ID、勤め先のIDがあり、それらの情報が国で管理されています。このIDを介して、個人に関する行政記録情報がつながっているのです。

図表 8-2　デンマークにおける行政記録データの例

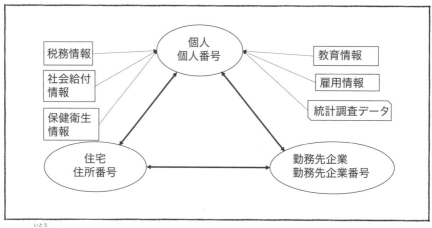

出所：伊藤（2017）

デンマークでは、地方で個人の情報がすべて行政記録として集められ、日々国に送られています。つぎの図表 8-3 を見てください。

図表8-3　地方自治体から国への行政記録の移動
―デンマークの例

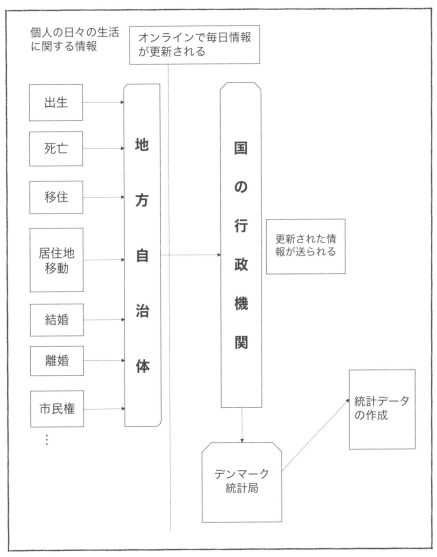

出所：伊藤（2017）

> デンマークの場合，子供が産まれると，地方自治体の役所に登録します。そうすると，子供にIDが付けられ，個人の行政登録簿が作られます。引っ越し，入学，結婚といった日々の活動は，個人の行政記録上で更新されます。
> 地方自治体が持っている個人の行政情報は，日々，国の行政機関に送られます。これらの行政記録データが，統計局に送られ，多くの国の統計が作られています。

データをつないで日本全体を見える化する

　国や地方の統計データ，民間のビッグデータ，行政記録のデータがつながっているイメージを想像してください。必要な情報をそこから取り出して統計を作ることができ，欲しい情報を選んで分析を行うことができます。図表8-4の統計の樹を見てください。

第 8 章　統計の未来設計図　未来に統計を残す

図表 8 - 4　統計の樹

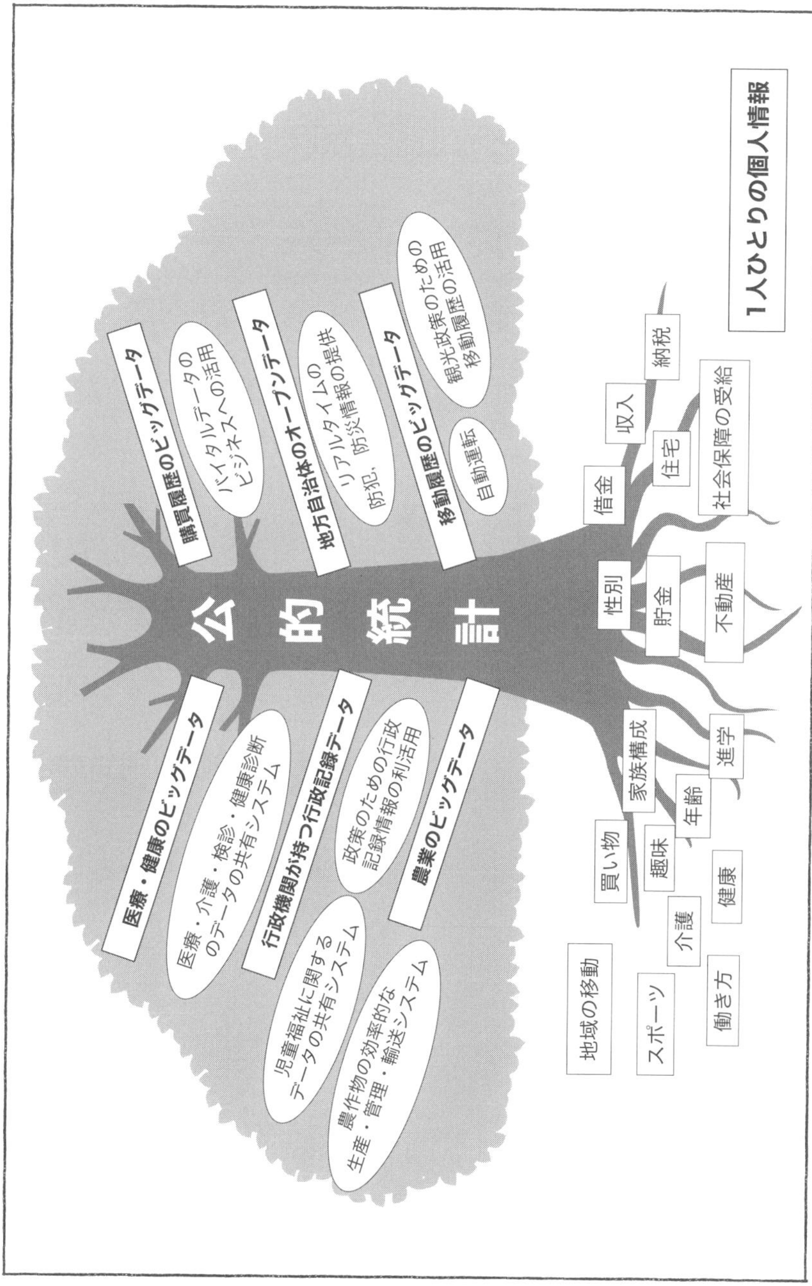

公的統計

（木の上部・枝）

- 購買履歴のビッグデータ
  - バイタルデータの活用
  - ビジネスへの活用
- 地方自治体のオープンデータ
  - リアルタイムの提供
  - 防犯、防災情報の提供
- 移動履歴のビッグデータ
  - 観光政策のための移動履歴の活用
  - 自動運転

- 医療・健康のビッグデータ
  - 医療・介護・検診・健康診断のデータの共有システム
- 行政機関が持つ行政記録データ
  - 児童福祉に関するデータの共有システム
  - 政策のための行政記録情報の利活用
- 農業のビッグデータ
  - 農作物の効率的な生産・管理・輸送システム

1人ひとりの個人情報

（木の根）

- 納税
- 収入
- 住宅
- 社会保障の受給
- 借金
- 性別
- 貯金
- 不動産
- 家族構成
- 進学
- 買い物
- 趣味
- 年齢
- 地域の移動
- スポーツ
- 介護
- 健康
- 働き方

175

1人ひとりの個人や会社の情報は，国や地方の政府の統計を作るための情報源になりえます。これらの情報については，統計を作るために集められた情報だけでなく，行政記録のデータや民間のビッグデータも含まれます。

統計の樹ですか！　国や地方のあらゆるデータがつながっているイメージを樹にたとえているのですね。

今，日本はどこまでデータがつながっているのですか。
例えば，県の中でデータはつながっていますか。

第8章 統計の未来設計図 未来に統計を残す

地方自治体にもよるのでしょうが、日本では、統計データと行政記録のデータが県や市町村の中でつながっているとは言えないと思います。

データをつなぐことで、日本全体を見える化することができます。見える化することで、子供でも社会の問題を自分で考えることができるようになるでしょう。多くのビジネスのアイデアも生まれて、人口減少のデメリットを少しでもカバーできるシステムにするのが重要だと思います。

データがつながれば、いろいろな情報が手に入るし、世の中がよく見えてきますね。

データをつなぐために、個人の情報のセキュリティが十分に確保されていなければならないことも、強調しておきます。

知らないうちに、自分の情報が暴露されていたら、怖いですからね。

デンマークなどの国々で進められている国と地方をデータでつなぐ社会システムが、日本でも将来実現できれば、次のことが、全国レベルで可能になるはずです。

・ピンポイントの地域で防犯や防災に関するリアルタイムでの情報提供
・無駄な財政支出の削減
・農作物の収穫時期と収穫量のコントロールや森林の保全
・健康に関するデータも使った日々の生活の管理
・必要な人に適切な社会保障

　図表8-5を見てください。これは、統計の未来設計図を図で示したものです。

第8章 統計の未来設計図　未来に統計を残す

図表8-5　統計の未来設計図

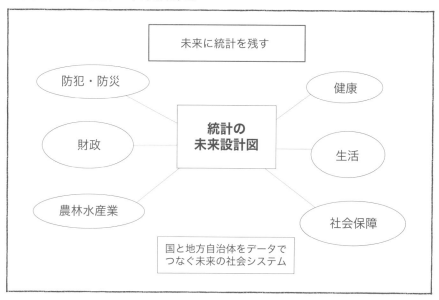

　先ほど話したように，現時点ではあらゆるデータはつながっていません。しかし，少子高齢化が進み，人口減少社会を迎えるからこそ，あらゆる情報をつないでおけば，地域特有の課題を見える化できます。これからの超高齢化に向けて今のうちから舵を切っておけば，将来，人口が減って人手が足りなくなった時に効果を表すのではないでしょうか。未来のために，統計データを歴史の資料のように未来に残していく必要があります。

 統計はタイムカプセルみたいですね。
未来に向けたメッセージですね。

> まあちゃん！ その通りですね。

　一番重要なのは，データを整理し残しておくことです。時代時代に必要なデータで統計を作り変えることもできます。

　統計や統計データを残すことで，**例えば100年後に人口が約5,000万人になったとき，様々な統計が未来に役立つでしょう。**

　統計やデータを見るにも，人を知らないと何もわかりません。統計やデータの中にある人間を研究するというのは，どの仕事もどの地域もどの年齢も共通するものです。そういう意味で，統計を未来に残すことを描きながら，第7章で話した，これからの生活のキーワードの1つであるコミュニケーションをとることは，今すぐにもできます。コミュニケーションを通じて，人間を知ること，人間の周りに何が起こっているのかを考えることが未来に通じます。

　小さなコミュニケーションのミスマッチでいろいろな問題が起きています。コミュニケーションのすれ違いが重なることによって，解決できるはずの問題がより複雑になり世の中で様々な問題が起こっているのではないでしょうか。

第8章 統計の未来設計図　未来に統計を残す

第7章で見てきたような社会的孤立についてはコミュニケーション不足にも原因があるのではないでしょうか。

親子関係でも，夫婦関係でも日常生活でも人間関係が必要ですし，どこでもコミュニケーションが大事ですよね。会社，個人，主婦，子供，ビジネスで，いろんな立場から世の中の問題を考えることができますね。

私は大学で仕事をしていますので，大学の例でコミュニケーションについて考えてみます。みなさんも自分の立場から考えてみましょう。

　コミュニケーション能力やネットワークづくりの能力を磨いて，人と人とがつながる社会であれば，情報をみんなで共有することができます。それは，様々な組織で求められています。
　大学も例外ではありません。少子高齢化が進むということは，大学のような教育機関にとっても大きな問題です。将来的に学生は減っていきます。そこで，学生のニーズに合わせて，大学でしか学べないような**体験型の少人数教育つまりゼミ**を重視する大学が増えてきまし

た。

しかし，人生百年時代と言われる中で，若い世代も現役の社会人の方も高齢者の方も学ぶ機会を設けることが大学にとっても責務になっています。こうした生涯学習のための仕組みづくりが必要です。例えば，

- 学生にとって社会に出る前に，社会人や地域の方と接する場を大学などに設置し，お互いに学び合う
- 教員も学生や地域のみなさんと学びながら，社会の問題や地域に役立つ授業を定期的に実施する
- 大学の施設内に（例えば月1回臨時のカフェを作るなど）地域の方との交流の場をつくり様々な方とコミュニケーションする

などです。

誰もが年をとり，高齢者になります。人々がつながりをもち，コミュニケーションをとることがやりがいを生むことにつながります。やりがいが増えれば，心と体の健康にもよいはずですので，医療費の削減にも貢献するでしょう。

図表8-6のように，大学，社会人と地域が関わり合いを持っています。

第 8 章　統計の未来設計図　未来に統計を残す

図表 8-6　大学，社会人と地域の関係

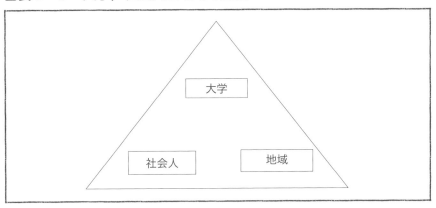

住民同士でもうまくつながる方法があればいいのにね。住民が会話を行う場所とか。先生，大学でそういうことを考えないんですか？

考える必要はありますよね。地域に積極的に入って行って，地域の住民との交流ができるような場を提供することはできるのではないかと思っています。

大学がもっと地域に貢献する必要があるのでは？

英子ママ、大事な指摘ですね。大学でも地域への貢献が求められていると思います。

例えば、高齢者の割合が高い団地があるでしょう。そういう団地に、学生も一緒に住んで交流をするという手もあるのではないでしょうか？

そういう取り組みを行っている大学がありますよね。大変興味深いと思っています。学生が、地域と積極的に関わることは重要だと思っていて、私のゼミでも、大学の周辺地域の活性化の研究に取り組んでいます。

・**大学は、社会人に生涯学習としての学びの場を提供し、地域には地域のコミュニティに積極的に関わることで地域とより密接な関係を作り、地域との活性化に貢献するだけでなく、学生のパワーを地域に**もたらします。

・**社会人は、地域のお祭りといったイベントの参加等を通じて、地域の住民との積極的なコミュニケーションを行います。また、大学に社会人として経験を学生に伝えることによって、逆に若者の感性から**

第 8 章 統計の未来設計図 未来に統計を残す

ビジネスのためのヒントを得ることができます。

・地域は，社会人にコミュニケーションのきっかけの場所を提供します。また，大学には社会体験を行う場を提供します。

今話したことをチャートにすると，図表 8-7 になります。

図表 8-7 大学，社会人と地域の関係

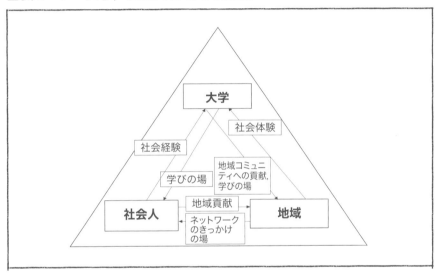

大学，社会人と地域がそれぞれ密接に関わりあうことが，これからの時代必要ですよね。身近な地域の中でつながっていくということですね。

大学が地域の住民と積極的に関わり，地域との関係をつないでいくのは，これからの大学に課された新たな役割なのかもしれません。

大学が意識的に地域とつながろうとすれば，その地域に学生が集まりますので，コミュニティができます。そこで，周辺地域と大学との関わりを深めることで，学生にとっても社会で学ぶ機会を増やすとともに，周辺地域の住民の方にとっても自分の仕事に役に立ちます。このようなつながりを通じて互いの情報を共有し，地域の課題の解決につなげていくことが重要なのではないでしょうか。

私も自分の立場から考えてみます。主婦の目線からできることがあるはずですね。

私もできることを考えてみようっと。

統計から，世の中のいまの暮らしとこれからの社会が見えてきます。統計やデータの数値から日本のいまの状況を理解し，数字に表れない世の中の流れをつかむ感性を身につけていきたいものです。

第 8 章 統計の未来設計図 未来に統計を残す

世の中に起こっていることで統計の数字に表れていないものもありますよね。

調査に答えない人は統計に表れてこないのでは。統計で世の中のすべてがわかるわけではないんですよね。

そうですね。だから統計から世の中の何がわかって何がわからないのかを理解することが大事ですね。

先生，だからこそ，統計を正確にとることが大事なのではないですか。正確な統計は，いまの統計が未来の設計図になりますし，未来から見たときに，過去どんな社会だったのかを知る手掛かりになりますね。

統計はまさに「タイムカプセル」ですね。

統計を作るためにデータをどのように集めていくのか，海外の事例を参考にしながら，わが国にあった仕組みをこれから考えていかなければならないですね。

それぞれの省庁が，政策のために統計を作っているんですよね。政策ありきで統計が作られているということはありませんか？

統計の数字が間違っていたら，正しい情報が入って来ないよね。それって，国民が損するってこと？

この章の「統計の未来設計図」で話してきたように，様々なデータがつながることによって，データが正しくとられているかを互いに検証できるような仕組みがこれから必要になりますね。データがつながるだけでなく，見える化されることによって，専門家だけでなく，国民もチェックできるような仕組みが必要ですね。

第8章 統計の未来設計図 未来に統計を残す

結局,統計の作り方がオープンになっていなかったということですか？ もし,オープンになっていたら,専門家は気づきますよね。統計データが正しいかどうかを検証する専門家も出てくるのではないですか。

統計が世の中を映す鏡であるからこそ,統計は社会の未来設計図を描くことができるのです。これからの時代,どのようにしたら正確な統計を作ることができるのか,長期的なビジョンを持って考えていく時期ですね。

　統計だけでなく,コミュニケーションを含む生活から世の中の実態が見えてくるのではないでしょうか。統計から問題の大枠は見えてきますが,そこで何が起きているかは数字だけでは測れないのではないでしょうか。
　今ある統計データは,未来の日本から見れば過去の重要な遺産でもあります。どのような形で遺産を残すことができれば,よりよい未来の設計図を描くことができるか,考える必要があるといえるでしょう。

[参考文献]

伊藤伸介（2017）「公的統計における行政記録データの利活用について―デンマーク，オランダとイギリスの現状―」『経済学論纂（中央大学）』第58巻第1号，1～17頁

おわりに

　ここまで読み進めていただいてありがとうございました。統計やデータについて，むずかしいものというイメージを持っていた方が，統計やデータに興味を持つきっかけになったとしたら，とてもうれしく思います。

　もともとはこのような本を書こうとは全く思っていませんでした。これまで，世の中で論文と呼ばれているものについては，いくつか私なりに書いてきたつもりですが，こういった統計の初心者向けの本を書いた経験はありませんでした。ご迷惑をかけることになる前に，このお話を断ったほうがいいかなと妻に相談しました。すると，「こういった本を通じて統計について興味を持ってもらえるように簡単に伝えるということは，今すぐ大学の授業でも役立つし，これから社会人がますます学びに来るときの準備ができるから。こういうのは苦手でしょ？　自分に挑戦してみたら」と言われました。その時，子供がわかるような簡単な内容で，今と未来の子供たちも日本の問題点をきちんと考えられるものにしてほしいということで，妻が本書の「企画書」を作ってきました。

　日ごろから私の仕事のサポートをしてもらっているので（私の教育活動にもアイデアをもらっています），以前からそうでしたが，

今回の本のお話をいただいてから，統計やデータについて，ますます，するどい質問がくるようになっていました。
　これまでも統計の本を図書館で借りて読んでみたけれど，数学が苦手なこともあり，よくわからなかったと言います。ただ，自分の経験に基づく様々なデータを持っていて，数学は苦手でも統計を使うことはできると言っていました。
　統計についての質問は，私から見ても，とても興味深いものでした。新聞の切り抜きの手伝い等をする中で，統計やデータをめぐる世の中の動きについて自分の感じたことを私にいろいろ聞いてきました。
　今回の本を書くにあたって，最初は，大学の授業のことも少し頭にあって，統計学の入門書のようなイメージで執筆することを考えていました。簡単な算数で統計学の基礎を書くことを考えていたのですが，その案を話したら，「そのようなタイプの本は世の中にはたくさんあるし，今回の本は，他のタイプの本のほうが良いのでは？」との意見をもらいました。
　一般向けの本だということで何度か書き直して妻に読んでもらったのですが，書いている内容の意味がよく分からない，いまいち面白くないということで，こういう本を書くのは本当に難しいと感じていました。
　いよいよ悩んでいる時に，妻がいつも質問してくる内容が，面白い切り口なので，それらの視点を参考にして本にしたらどうかと思いはじめました。また，日頃の妻との会話や妻の何気ないつぶやきの中に，私にとって，思いもよらない発見や気づきが数多くあったので，それ

を私なりにアレンジしてこの本でまとめてみたらどうだろうかと考えるようになりました。これらをエッセンスにして，統計に関して文章にしてまとめてみようと思ったわけです。

　この本の執筆に取り組むことは，日頃の生活を大いに振り返ることになりました。日常生活のすべてが，統計やデータになります。たとえ，日々仕事をしていく中で，ミスをしてしまったとしても，考えようによっては，ミスもデータとなるわけです。そうしたデータを集めて，自分の弱点に気づき，データを踏まえて日々行動することが重要であることを，本を書き進めていく中で改めて気づいた次第です。

　この本は，妻がいなければ，とても書き上げることはできませんでした。ようやく完成したこの本を妻に捧げたいと思います。

　私は，この本の執筆に関わることによって，自分がこれまで行ってきた教育や研究のあり方を見直さなければならないのではないかと思い始めています。世の中は日々変わっており，いまの世の中の動きに合った教育や研究の方法を改めて模索する時期になっているのではないかと本を書きながら考えました。ぼおーっとはしていられないと思っています。データをめぐる世の中が変わってきただけでなく，データを受け止める人間の考え方も変わらなければならないのでしょう。

　この本を書くきっかけをくださった中央大学経済学部の山﨑朗教授に心よりお礼を申し上げます。山﨑先生が想像されていたものとは，おそらく全く異なっているのかもしれませんが，読み手が統計やデータに触れるきっかけを目指した最初の一冊だということでご容赦いた

だければ幸いです。

　(株)中央経済社の市田由紀子さんには，この本の内容について様々な貴重なコメントをいただきました。初心者向けの内容ということで書き始めましたが，市田さんが，当初想定していた「統計の入門書」とは少し違う形で着地しましたが，読みやすさにこだわり，データと統計の架け橋を目指して執筆しました。読者の皆さんのお役に立てれば幸いです。

　2019年2月

著　者

付録　データはどこにある？
——統計データの探し方

国勢調査は，5年に1回実施されている統計調査です。

①検索ソフト（例えばGoogle等）で

【国勢調査】

と入れて，クリックしてみてください。

↓

②「統計局ホームページ/平成27年国勢調査 - 総務省統計局」を選ぶと，

【平成27年国勢調査】

のホームページに入ることができます。

↓

③〔調査の結果〕をクリックし，

基本集計の〔人口等基本集計結果〕の

e-stat

をクリックしてください。

図表1　平成27年国勢調査でのe-Statの画面①

出所：政府統計の総合窓口（e-Stat）（http://www.e-stat.go.jp/）

付録　データはどこにある？～統計データの探し方

図表2　平成27年国勢調査でのe-Statの画面②

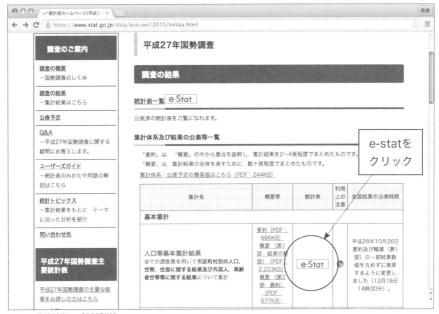

出所：政府統計の総合窓口（e-Stat）（http://www.e-stat.go.jp/）

④いろいろな統計の一覧表があります。そこで，

【全国結果〔71件〕】

をクリックします。

↓

⑤【配偶関係（4区分），年齢（5歳階級），男女別15歳以上人口，配偶関係別割合及び平均年齢（総数及び日本人）- 全国※，全国市部・郡部，都道府県，21大都市】

をクリックします。

↓

⑥【CSV（カンマ区切り）】形式と【DB（データベース）】形式の2種類のデータがありますので，ここでは，DBを選びます。〔統計表表示〕の〔表示項目を選択〕を選び，〔事項名〕を選択することによって，統計を選ぶことができます。

図表3　平成27年国勢調査でのe-statの画面③

出所：政府統計の総合窓口（e-Stat）（http://www.e-stat.go.jp/）

付録　データはどこにある？〜統計データの探し方

図表4　平成27年国勢調査でのe-statの画面④

出所：政府統計の総合窓口（e-Stat）（http://www.e-stat.go.jp/）

例えば，以下のようにチェックしたとします。

・国籍_2015　総数（国籍）にチェック
・男女_2015　総数（男女別）にチェック
・年齢_2015　すべての項目にチェック
・配偶関係_2015　未婚，有配偶，死別と離別にチェック
・全域・人口集中地区（2015）全域にチェック

・地域（2015）　全国にチェック

⬇

⑦【表示を更新】をクリックします。

⬇

⑧ダウンロードしたい場合には，右上の〔ダウンロード〕をクリックします。Excel形式でダウンロード場合には，XLSX形式をチェックし，〔ダウンロード〕をクリックします。

図表5　平成27年国勢調査でのe-statの画面⑤

出所：政府統計の総合窓口（e-Stat）（http://www.e-stat.go.jp/）

図表5で示された表を加工して，年齢（5歳階級別）と婚姻関係別

の統計が作られます。
　第4章90ページの図表4-1で使った統計は，e-Statから得られる「平成27年国勢調査結果」（総務省）を加工して作成しました。
　このように，ホームページには国が作成したいろいろな統計が載っています。興味がある方は自由にのぞいてみてください。

索　引

■あ行

ID ································· 48
EU ································· 55
一部抽出 ························117
一連番号 ················· 44, 113
一般データ保護規則（GDPR）
 ···························· 55, 110
移動履歴 ························· 55
映像データ ····················· 24
AI（人工知能） ············ 8, 79
SNS ······························· 20
オープンデータ ··············· 72
音源データ ····················· 22

■か行

科学技術研究調査 ············ 84
学習プロセス ·················· 75
家計調査 ························· 84
画像データ ····················· 23
過疎化 ···················· 98, 125
家族のあり方の変化 ······· 125
課題の見える化 ············· 179
学校基本調査 ·················· 85
過密化 ···················· 98, 125
感性 ······························186
機械学習 ························· 80
基幹統計 ························· 83
行政機関 ······················· 167

行政記録データ ·············170
行政登録簿 ···················· 174
クレジットカード ··········108
経験 ························ 49, 140
経済センサス ·················· 84
健康 ······························· 54
公共の利益 ···················· 166
合計特殊出生率 ··············· 95
交際・つきあい ············· 146
購買履歴 ·················· 37, 56
高齢化 ···························· 92
高齢者 ···························· 92
国勢調査 ························· 84
国民経済計算 ·················· 84
国民生活基礎調査 ············ 84
個人情報 ······················· 107
個人情報保護法 ··············· 55
コミュニケーション ········ 10
婚姻率 ···························· 93
コンビニエンスストア ····· 25

■さ行

財政 ······························128
識別情報 ························· 48
社会生活基本調査 ··········160
社会的孤立 ···················· 156
就業構造基本調査 ············ 84
生涯学習 ······················· 182
証拠に基づく政策立案（EBPM） ····138

少子高齢化 …………………………… 92
消費者物価指数 ……………………… 84
商品開発 ……………………………… 60
情報 …………………………………… 14
情報共有 ……………………………… 167
情報伝達のプロセス ………………… 75
将来の人口 …………………………… 92
人口減少 ……………………… 102, 125
人工知能（AI）………………… 8, 79
人口動態統計 ………………………… 84
数値データ …………………………… 18
税収 …………………………………… 128
生体認証 ……………………………… 25

■た行

地域 …………………………………… 98
地域経済 ……………………………… 57
地域のコミュニティ ………………… 184
地方 …………………………………… 98
超高齢化社会 ………………………… 88
調査 …………………………………… 40
直観 …………………………………… 76
賃金構造基本統計調査 ……………… 84
データ ………………………………… 15
データサイエンス …………………… 81
データサイエンティスト …………… 81
データセンター ……………………… 64
統計学 ………………………………… 105
統計調査 ……………………………… 86
統計データ …………………………… 18
匿名化 ………………………………… 109
匿名加工 ……………………………… 109

匿名加工情報 ………………… 109, 122

■な行

ニート ………………………………… 156
ネットワーク ………………………… 161

■は行

パーソナルデータ …………………… 58
晩婚化 ………………………………… 97
ビッグデータ ………………………… 32
人手不足 ……………………………… 127
ひらめき ……………………………… 76
プライバシー ………………………… 40
ブリッジ ……………………………… 47
ポイントカード ……………………… 26
法人企業統計調査 …………………… 85
北欧諸国 ……………………………… 170

■ま行

マーケティング ……………………… 35
毎月勤労統計調査 …………………… 84
マクロデータ ………………………… 45
ミクロデータ ………………………… 43
未婚化 ………………………………… 97
文字データ …………………………… 20

■や行

予測 …………………………………… 80

■ら行

労働力調査 …………………… 85, 156

●著者紹介

伊藤 伸介（いとう しんすけ）

中央大学経済学部教授。博士（経済学）。
九州大学経済学部経済学科卒業。
同大学大学院経済学府国際経済経営専攻博士後期課程単位修得退学。
専門分野：経済統計学。
主要論文：伊藤伸介（2018）「公的統計ミクロデータの利活用における匿名化措置のあり方について」『日本統計学会誌』第47巻第2号，77～101頁。

小学生まあちゃんと学ぶ統計

2019年5月1日　第1版第1刷発行

著　者　伊　藤　伸　介
発行者　山　本　　　継
発行所　㈱中央経済社
発売元　㈱中央経済グループ
　　　　パブリッシング

〒101-0051　東京都千代田区神田神保町1-31-2
電話　03 (3293) 3371 (編集代表)
　　　03 (3293) 3381 (営業代表)
http://www.chuokeizai.co.jp/
印刷／文唱堂印刷㈱
製本／㈲井上製本所

Ⓒ 2019
Printed in Japan

＊頁の「欠落」や「順序違い」などがありましたらお取り替えいたしますので発売元までご送付ください。(送料小社負担)
ISBN978-4-502-28981-1 C3033

JCOPY 〈出版者著作権管理機構委託出版物〉本書を無断で複写複製（コピー）することは，著作権法上の例外を除き，禁じられています。本書をコピーされる場合は事前に出版者著作権管理機構（JCOPY）の許諾を受けてください。
　JCOPY 〈http://www.jcopy.or.jp　eメール：info@jcopy.or.jp　電話：03-3513-6969〉

べーシック＋プラス
Basic Plus

Let's START!

学びにプラス！
成長にプラス！
ベーシック＋で
はじめよう！

いま新しい時代を切り開く基礎力と応用力を兼ね備えた人材が求められています。
このシリーズは，各学問分野の基本的な知識や標準的な考え方を学ぶことにプラスして，一人ひとりが主体的に思考し，行動できるような「学び」をサポートしています。

ベーシック＋専用HP

教員向けサポートも充実！

中央経済社